볼거리 See it   미술관에서 공원까지

명소

American Museum of Natural History 미국 자연사 박물관 2L

세계 최대 자연사 박물관인 이곳은 3,200만 점의 전시품을 소장한 자연사의 전당이라 할 수 있다. 세계적으로 유명한 공룡 전시실(Dinosaur Halls)과 거대한 유리 입방체인 **지구 & 우주 센터(Rose Center for Earth and Space)**는 절대 놓치지 말도록. 이 유리 입방체 속에는 최첨단의 우주 극장이 있는데, 그곳에서 우주 폭발 현장도 지켜보고

뉴욕의 전망

로맨틱한 스테이튼 아일랜드 페리(Station Island Ferry)를 타고 맨해튼의 하늘을 감상하자. 건물들이 그려내는 아름다운 풍경이 그만이다. 또 자유의 여신상의 아름다운 전망도 감상하자.
페리는 뉴욕을 관광하는 가장 좋은 방법이다. 배는 하루 종일 매 30분마다 출발한다.
도시의 야경을 보려면 엠파이어 스테이트 빌딩 86층 전망대(p.6 참조)를 찾을 것. 뉴욕의 야경이 한눈에 들어온다.

타임스 스퀘어의 야경을 밝히는 화려한 조명

은하수에서 천체의 가장자리까지 130억 년의 시간 여행도 떠나보자.
| **관람시간** 일-목 10am-5.45pm 금, 토 10am-8.45pm(금 5.45pm-7.15pm에는 라이브 재즈 연주와 스넥)
| **Tel** 212-769-5000
| www.amnh.com

Broadway & Times Square
브로드웨이 & 타임스 스퀘어 2H-2I

차분한 정극에서 화려한 춤과 노래가 있는 희극까지, 38개의 멋진 극장이 있는 브로드웨이는 카네기 홀과 함께 세계의 이목을 사로잡는 곳이다.
브로드웨이와 7th st, 42th st가 맞닿은 삼각지대를 타임스 스퀘어라 일컫는다. MTV(미국 음악 전문 방송), 콘데 나스트(Conde Nast, 세계적 여행 권위지)의 본거지, 7층 높이의 거대한 나스닥 비디오 스크린(세계 최대), 5,000만 달러가 투입된 **뉴욕 마담 테소(New York Madame Tussaud's)**(234 W 42nd st, bet 7th, 8th Aves. 사이)가 바로 여기에 자리잡고 있다.
| **타임스 스퀘어 무료투어** 매주 금요일 정오 46 & 47th St 사이의 1560 Broadway에서 출발

Brooklyn Bridge 브루클린 브리지 5B

착공 14년 만인 1883년에 완공된 브루클린 다리는 경이로운 공학적 구조물로서 세계의

서 가장 아름다운 현수교이다. 해질 무렵, 조깅을 하거나 퇴근하는 사람들로 북적이는 3.6m 상공의 다리 위에서 맨해튼의 멋진 광경을 감상해 보자.

Central Park 센트럴 파크 3J-3O

모나코 면적의 2배인 센트럴 파크는 뉴욕 중심의 최대 녹지대로서 도시 밀림 한가운데 위치한 오아시스라고 할 수 있다. 로엡 보트 하우스(Loeb Boathouse)(p.46 참조)에서 보트, 자전거, 곤돌라를 탈 수 있고, 겨울만 되면 울먼 링크(Wollmann Rink)에서 야외 스케이팅을 즐길 수 있다. 잔디에서는 무료 음악회가 열린다. 델라코트 극장(Delacorte Theater)(p.25 참조)에서 셰익스피어 페스티벌을 관람하는 것도 좋다.

5th Aves.를 벗어나면 바로 센트럴 파크 동물원(Central Park Wildlife Center)이 있는데, 이곳의 어린이 동물원에서는 아이들이 동물과 직접 만날 수 있으며 열대 우림과 얼음으로 뒤덮인 극지대 등 각 기후대별로 서식하는 동물을 볼 수 있다.

센트럴 파크의 인개 짙은 여름날

센트럴 파크 동물원
- 위치 5th Ave at 64th St
- Tel 212-861-6030
- www.centralpark.org

Chinatown 차이나타운 4B-4C

3.2km²의 공간 속에서 15만 명의 사람들로 북적이는 이곳은 미국 최대의 차이나타운으로, 현란한 레스토랑과 사원, 약국, 시장들로 인해 늘 붐비는 곳이다.

차이나타운에서 딤섬으로 간단한 아침 식사를 즐긴 다음, 운하와 Mott street를 따라 걸으며 웍(wok, 중국 요리 냄비), 마종 세트(mah-jong sets, 카드놀이 세트)부터 최신 중국산 특가 상품까지 쇼핑도 즐겨보자.

The Cloisters 클로이스터즈 1P

허드슨 강을 바라보는 절경에 위치한 이 고딕, 로마네스크 혼합 양식의 박물관에는 5,000점 이상의 훌륭한 중세 예술품들이 소장되어 있다.

16세기의 유니콘 태피스트리(Unicorn Tapestries) 시리즈는 이 박물관의 가장 큰 볼거리이다. 전시품 관람 외에 정원에서 휴식을 취하거나 허드슨 강변의 아름다운 정취를 감상하는 것도 좋다.

- 관람시간 화~일 9.30am-4.45pm
- 위치 Fort Tryon Park, Washington Heights
- Tel 212-923-3700

무료로 즐기는 뉴욕

금요일 4.30pm-8.15pm에 MoMA에 가보자. 도네이션으로 원하는 만큼만 돈을 내면 된다. 미국 민속 예술 박물관(The American Folk Art Museum)은 금요일 6pm-8pm, 브루클린 보타닉 가든(Brooklyn Botanic Garden)은 화요일 하루 종일, 토요일 10am-12pm에 무료입장이 가능하다. 격주 일요일 5pm에는 프릭 박물관에서 무료 실내악 연주가 있고 매달 첫째 토요일 브루클린 아트 뮤지엄에서 무료 영화 상영이 있다.

크라이슬러 빌딩에 조명이 켜진 화려한 모습

Chrysler Building 크라이슬러 빌딩 4H

1930년에 문을 연 이 77층의 아르데코 양식 건물은 세계에서 가장 높은 빌딩이었으나 곧 엠파이어 스테이트 빌딩(Empire State Building)에 최고의 자리를 내주고 말았다. 하지만 찬란하게 빛나는 왕관 모양의 장식을 보면, 이 건물이 뉴욕에서 가장 사랑받는 역사적 건축물 가운데 하나임을 부인할 수 없다. 첨탑은 마치 불꽃이 건물 위로 치솟는 듯한 모양으로 자동차 모티브(빌딩에 새겨진 자동차 모티브들과 자동차 라디에이터 그릴처럼 생긴 첨탑). 크라이슬러 보닛 장식을 본 뜬 가고일(gargoyle, 괴물 형상의 낙숫물받이)과 함께 스테인레스 스틸 미학의 극치를 보여준다. 정교한 로비는 전형적인 아르데코 양식으로 한때 크라이슬러 자동차 전시장으로 사용되기도 했다.

| **관람시간** 근무 시간 중 로비만 개방 | **위치** 405 Lexington Ave | **Tel** 212-682-3070

Empire State Building

엠파이어 스테이트 빌딩 3G

엘리베이터를 타고 86층의 전망대에 오르면 360도의 시계가 펼쳐진다. 도시가 나른히 기지개를 펴면서 반짝이는 해가 지평선 아래로 넘어가는 밤, 혹은 분위기가 점점 고조되면서 키스하는 연인들의 입술에 불꽃이 이는 뇌우 속에서 전망대는 가장 낭만적인 모습을 띤다.

| **관람시간** 9.30am-11.15pm(마지막 엘리베이터 운행 시간 11.15pm) | **위치** 350 5th Ave

뉴욕의 또 다른 이름들

1968년 예술가 협회는 Houston st의 남부를 소호(SoHo, South of Houston st)라고 이름 붙였다.
그 이후로 Canal st 밑에 있는 삼각 지대는 트리베카(TriBeCa, Triangle Below Canal st), Houston st의 북쪽은 노호(NoHo, North of Houston st), 리틀 이탈리아의 북쪽은 놀리타(NoLiTa, North of Little Italy), 맨해튼 브리지 오버패스의 아래 부분은 덤보(Dumbo, Down Under the Manhattan Bridge Overpass)라 불리게 되었다.

bet 33rd & 34th Sts | **Tel** 212-736-3199 | www.esbnyc.com

The Frick Collection 프릭 컬렉션 3K

이보다 더 화려한 예술품 컬렉션은 없을 것이다. 19세기 철강업계 부호인 헨리 클레이 프릭(Henry Clay Frick)이 수집한 렘브란트(Rembrandt), 터너(Turner), 홀바인(Holbein), 베르메르(Vermeer) 등 거장들의 작품이 주를 이루는 이 작은 미술 박물관에서는 동양의 융단, 프랑스 가구 컬렉션도 있을 수 있다.

햇빛에 비친 엠파이어 스테이트 빌딩

출퇴근으로 바쁜 그랜드 센트럴 터미널의 뉴요커들

| **입장** 화-토 10am-6pm, 일 1-6pm | **위치** 1 E 70th St at 5th Ave | **Tel** 212-288-0700 | www.frick.org

Grand Central Terminal
<u>그랜드 센트럴 터미널 4H</u>

맨해튼의 50만 통근자들이 새로 복원된 112.5m x 37.5m 크기의 거대한 대리석 광장을 개미처럼 오가는 광경은 뉴욕의 가장 매력적인 모습 가운데 하나이다.

메트라쥐르 브라스리(Métrazur brasserie)(맥주 등 알코올류도 내놓는 레스토랑-옮긴이)(Tel 212-687-4600)가 자리한 동쪽 발코니에서 이 모습을 감상해 보자. 아니면 1920년대 실업계 거물인 존 캠벨(John Campbell)의 paneled office를 토대로 한 초현대식 바(bar)인 **캠벨 아파트먼트**(Campbell Apartment)의 서쪽 발코니에서 칵테일을 한 잔 주문하자.

| **무료투어** 매주 수요일 12.30pm에 안내 부스에서 출발 | **Tel** 212-935-3960 | www.grandcentralterminal.com

Greenwich Village 그리니치 빌리지 3E

그리니치 빌리지는 미국에서 가장 오래된 자유주의의 산실이자 비츠(the Beats)와 잭슨 폴록(Jackson Pollock), 밥 딜런(Bob Dylan), 지미 헨드릭스(Jimi Hendrix), 롤링 스톤스(Rolling Stones) 등 한 시대를 풍미한 트렌드세터들(Trendsetters)의 집합소이다. 나뭇잎이 무성한 길과 기발한 모양의 극장, 상점들, 커피숍들로 미로와 같은 이곳은 아직도 맨해튼 주변의 중심지이다. 카페, 바, 부티크, 세계 최고 수준의 재즈 클럽이 몰려 있는 거리에서 생동감 넘치는 분위기를 만끽해 보자.

구겐하임 박물관 내부의 갤러리 모습

Ground Zero Viewing Platform
그라운드 제로 뷰잉 플랫폼 3B

9.11 테러 희생자 3,000명의 명판이 있는 Liberty St과 브로드웨이에 그라운드 제로(Ground Zero, 폭탄 중심 지점)가 보이는 플랫폼이 개방되었다. 뉴욕시는 이 재해를 기억하는 영구적인 기념물을 세우기로 결정했지만, 그때 소방관들에 대한 감사와 존경은 **뉴욕 소방 박물관(New york Fire Museum)**(p.55 참조)에서 확인할 수 있다. 다른 여러 기념물들이 시내 곳곳에 퍼져 있다.

| 관람시간 매일 9am~9pm
| 위치 Liberty St & Broadway

Guggenheim Museum
구겐하임 박물관 3M

5th Ave에서 단연 압도적인 인기를 모으는 명소.
프랭크 로이드 라이트(Frank Lloyd Wright)의 이 독자적인 나선형 건물은 칸딘스키(Kandinsky), 샤갈(Chagall), 세잔느(Cézanne), 피카소(Picasso), 드가(Degas), 반 고흐(Van Gogh)와 같은 20세기 거장들의 작품을 소장하고 있다. 멋진 카페와 박물관 숍이 있다.

| 위치 1071 5th Ave at 89th St
| Tel 212-423-3500
| www.guggenheim.org

9.11 테러의 희생자들을 추모하는 깃발

Intrepid Sea-Air-Space Museum
인트레피드 해양항공우주박물관 1I

USS(United States Ship) 항공 모함의 18개 갑판은 2차 세계대전 때 사용된 폭격기부터 최신식 고성능 첩보기, 초음속 제트기까지 갖가지 무기류가 쌓여 있다. 극비 유도탄 미사일 잠수함의 승강구 속으로 들어가보거나 베트남 구축함 USS 에드슨을 구경하고 A-6 침입기 컴퓨터 시뮬레이터의 조종석에 앉아

비행기를 착륙시켜 보자.
| **위치** Pier 86, West 46th St and 12th Ave
| **Tel** 212-245-0072
| www.intrepidmuseum.org

Lower East Side 로우어 이스트 사이드 6D
낮은 건물들이 조밀하게 모여 있는 이 '미국의 관문'은 아일랜드, 독일, 동유럽 유대인과 이탈리아인들로부터 오늘날 중국, 아시아, 카리브, 푸에르토리코인들까지, 물밀듯 밀려드는 이민자들을 수용해 왔다. 고급 주택화로 술집, 부티크, 클럽 등이 들어서긴 했지만 엘드리지 스트리트 시나고그(Eldridge St Synagogue, 유대인 예배당), 카츠(Katz's) 같은 델리, 또는 1863년부터 1935년까지 20개 국가에서 온 수천 명의 사람들을 수용했던 테너먼트 박물관(Tenement Museum) 같은 역사적 건물에 19세기 이민자 생활의 잔재가 남아 있다.

테너먼트 박물관 | **위치** 90 Orchard St, at Broome St, 안내 투어로만 관람 가능
| **Tel** 212-431-0233로 예약

그리니치 빌리지의 주철로 된 비상용 계단

뉴욕의 여러 가지 숫자들

7,500만 명의 인구, 80가지의 언어, 3,500만의 통근자, 2,400만 그루의 나무, 1,200만 개의 빌딩, 1만 2,184대의 택시, 총 1만 400km의 거리, 5,811대의 지하철, 4,373대의 버스, 허드슨 강에 뻗어 있는 53개의 다리.
이것들이 뉴욕을 나타내는 다양한 숫자들이다. 이 숫자만으로도 뉴욕이 어떠한 곳인지 짐작이 갈 것이다.

Metropolitan Museum of Art
메트로폴리탄 미술관 3L
세계 각국에서 수집한 200만 점의 예술품을 소장하고 있다. 유리벽으로 둘러싸여 있는 이집트의 덴두르 사원(Temple of Dendur), 미국관(the American Wing), 그리고 아프리카와 유럽의 예술품과 사진작품, 20세기 예술품 컬렉션은 관람객들의 찬사를 자아낸다. 센트럴 파크와 초고층 빌딩이 내려다보이는 지붕 정원의 조각상과 카페도 둘러보자.
| **관람시간** 화-목, 일 9.30am-5.30pm, 금, 토 9.30am-9pm
| **위치** 1000 5th Ave at 82nd St
| **Tel** 212-535-7710
| www.metmuseum.org

8.10pm 엠파이어 스테이트 빌딩 전망대에서 바라본 뉴욕의 전경

록펠러 센터의 복잡한 아르데코 식 부조

MoMA 뉴욕 현대미술관 3K
리노베이션 후 재개관한 뉴욕 현대미술관은 퀸즈 시대의 작품들을 접고 시대를 불문하고 사랑받아 온 작품들로 멋진 전시 시리즈를 시작하였다. 이 모든 것이 건축가 요시오 타니구치(Yoshio Taniguchi)가 설계한 넓은 새 갤러리에 완벽하게 전시되고 있다.

지하의 영화관은 1만 9,000종의 필름 명부를 가지고 있고, 1층의 아름다운 조각 공원은 몸과 마음의 피로를 잠시 내려놓기에 더없이 좋은 장소이다.

| 관람시간 수-일
| 위치 11 West 53 St
| Tel 212-708-9400
| www.moma.org

Rockefeller Center and Radio City
록펠러 센터 & 라디오 시티 3I

이 아름다운 아르데코 양식의 소도시 중심에 프로메테우스 황금상이 있는 록펠러 광장의 야외 아이스링크와 바늘처럼 가늘게 치솟는 GE 빌딩이 있다. 이 빌딩은 벽사식, 65층의 칵테일 바 & 그릴로 유명한 곳이다.

비하인드 더 신스(behind-the-scenes, 무대 뒤를 구경하는 투어) 투어로 NBC 스튜디오를 구경하고 뉴욕 아르데코 양식의 걸작품이자 1932년에 처음 문을 열었을 때는 세계 최대 극장이었던 라디오 시티 뮤직 홀(Radio City Music Hall)도 놓치지 말자.

NBC | 위치 30 Rockefeller Plaza, 49th St
| Tel 212-664-3700

Radio City | 위치 6th Ave at 50th St
| Tel 212-247-4777
| www.rockefellercenter.com

SoHo Cast-Iron District
소호 캐스트 아이언 구역 3D

레스토랑과 쇼핑(루이 뷔통, 돌체 앤 가바나, 헬무트 랭)을 위해 이곳에 몰려든 사람들도 아름답고 멋있지만, 이 역사적인 구역 또한 건축학적으로는 보석처럼 멋진 곳이다. 공장과 창고가 많았던 이 구역은 19세기 미국의 주철 산업이 어떠했는가를 가장 잘 보여주는 곳이다.

빅애플 그리터(Big Apple Greeter)

뉴요커의 눈을 따라 뉴욕을 구경해 보자. 빅애플 그리터란 뉴욕 관광객들을 도와주는 자원봉사자로서, 당신을 진심으로 환영해 줄 것이다. 또한 진짜 뉴요커만이 잘 아는 스토어, 바, 관광지로 안내해 줄 것이다. 5일 전에 예약해야 한다.

| Tel 212-669-8159
| www.bigapplegreeter.org

9.11 테러 이후 주변은 개방되었으나 동상 자체는 폐쇄되어 있는 자유의 여신상

20세기 들어 버려졌던 창고 빌딩은 1970년대에 예술가와 조각가 그룹에 의해 스튜디오로 개조되었고 그들의 작품은 **소호 구겐하임**(무료 입장)과 온라인, 비디오, 디지털 아트에 관한 한 뉴욕 최고의 공간 가운데 하나인 **신 현대 미술관**(New Museum of Contemporary Art)에 남아 있다.

South Street Seaport
사우스 스트리트 항구 4B

100개의 상점과 레스토랑, 카페가 있는 이 아름다운 해양 테마공원에는 오래된 배와 스쿠너(schooner, 2-3개 이상의 돛대를 가진 종범식 범선), 예인선(일부는 항해와 크루즈용으로 이용할 수 있다)과 초기 부당 이득자들로부터 현재까지 뉴욕 항의 역사를 되돌아보게 하는 박물관이 있다.

| 위치 East River at Fulton St
| Tel 212 – SEA PORT
| www.southstreetseaport.org

Statue of Liberty & Ellis Island Immigration Museum 자유의 여신상 & 엘리스 섬 이민 박물관 1A

서클 라인 페리(Circle Line ferry, 매표소는 Battery Park의 캐슬 클린턴에 있음)를 타고 1892년부터 1954년까지 1,200만 명의 이민자를 맞이했던 자유의 여신상까지 가보자.

프랑스가 미국에 선물한 이 여신상은 무게 약 14만 1,336톤, 손가락 길이만 약 2.4m인 22층짜리 철제 구조물로 구스타브 에펠(Gustave Eiffel)이 설계하였다. 주위는 개방되어 있지만 10층 전망대는 무기한 폐쇄되어 있다.

페리는 **엘리스 섬 이민 처리국**(Ellis Island Immigration Processing Station)에도 기항하는데, 현재 박물관인 이곳은 하루 평균 1만 2,000명씩 미국으로 몰려들던 그 시절의 모습으로 복원되어 있다.

| 관람시간 9am-3.30pm까지 매 30분마다 배터리 파크에서 페리 출발
| Tel 212-363-3200

뉴욕 시티 패스

뉴욕 시티 패스가 있으면 표를 사려고 줄서서 기다릴 필요가 없고, 입장료를 50%까지 절약할 수 있다. 엠파이어 스테이트 빌딩과 구겐하임 박물관, 미국 자연사 박물관, 미 항공 우주 박물관을 포함한 6곳에서 사용 가능하다.

가격은 성인은 $45, 12-17세는 $36이다. 뉴욕 시티 패스를 사용하는 곳에서 직접 살 수도 있고 온라인으로도 구입 가능하다.

| www.citypass.net

뉴욕의 쇼핑거리

벼룩 시장부터 숨막힐 듯 화려한 오트 쿠튀르까지, 최첨단 유행을 이끄는 뉴욕에는 수많은 쇼핑의 즐거움이 고객을 기다리고 있다. 패션, 오디오, 진, 컴퓨터, 디자이너 구두, 화장품, 골동품, 아방가르드 예술품, 스포츠웨어, 책, 장난감, 가정용품, 음식, 최고급 스파에 이르기까지, 뉴욕은 우리의 모든 감각을 전율하게 하는 최고의 상품들로 세계를 유혹한다. 뉴욕에서 쇼핑을 제대로 즐기려면 미드타운의 화려한 백화점부터 시작하자. 그 다음이 매혹적인 다운타운 맨해튼의 쇼핑 메카 지역이다.

쇼핑거리 Buy it   백화점에서 벼룩시장까지

쇼핑구역

5th Ave 5번 애버뉴 3E-3P
세계에서 가장 화려한 이 거리를 아무것도 사지 않고 지나치는 것은 사실상 불가능한 일이다. 삭스(Saks), 벤델(Bendel), 베르그도르프 굿맨(Bergdorf Goodman), 티파니(Tiffany's), 다카시마야(Takashimaya) 등 뉴욕의 고급 상점들이 여기에 다 몰려 있다.

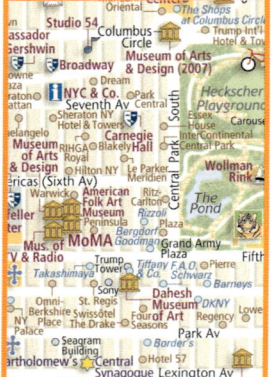

5th 애버뉴에 있는 삭스(Saks on Fifth Avenue, 유명 백화점)의 입구

Madison Ave & 57th St
매디슨 애버뉴 & 57번 스트리트 3F-3P
수준 높은 갤러리들과 값비싼 골동품 숍, 세계적인 디자이너 캘빈 클라인, 샤넬, 클로에, 추, 디올, 고티에, 디케이엔와이, 아르마니, 구치, 발렌티노, 이브생로랑 숍의 본점이 있는 맨해튼의 가장 고급스런 쇼핑 명소이다. 여기서 동쪽으로 가면 블루밍 데일(Bloomingdale's) 백화점, 북쪽으로 가면 뮤지엄 마일(Museum Mile)의 미술관 숍들을 만날 수 있다.

Upper West Side 어퍼 웨스트 사이드 1L
옷, 가정용품, 음식, 공예품 등을 쇼핑하고 벼룩시장도 살펴보자. 반스 앤 노블(Barnes and Noble) 슈퍼스토어도 만날 수 있다.

SoHo & NoLiTa 소호 & 놀리타 3C-3D
소호의 미술 갤러리, 가구점, 장난감 상점, 레스토랑, 부티크(아녜스 베, 대릴 케이, 안나 수이, 에바, 야마모토)를 구경하고 소호 바로 동쪽에 위치한 새로운 쇼핑 구역인 놀리타에도 들러보자. 이곳은 파격적인 모양의

판매세

뉴욕시는 최근 $110 이하의 의류나 신발에는 판매세를 부과하지 않기로 했다. 다른 상품에는 8.25%의 세금이 붙는다. 그러므로 물건을 구입할 때는 구입하는 품목이나 금액을 잘 따져보도록 하자.

장신구와 진기한 물건을 파는 상점, 흑인풍의 여성 패션 디자이너(에바, 마일, 제로, 헤드라 프루) 숍들로 터질듯하다.

Chelsea & the Meatpacking District 첼시 & 미트패킹 구역 2F

생활용품 상점과 대형 매장(갭(Gap)과 필렌스 베이스먼트(Filene's Basement))의 특가 매장에서부터 **미트패킹 구역(Meatpacking District)**(west of 9th Ave & south of 14th St)의 갤러리와 부티크에 이르기까지, 갖가지 물건들을 만날 수 있다. 스텔라 맥카트니(Stella McCartney)와 알렉산더 맥퀸(Alexander McQueen)이 이곳에 숍을 가지고 있다.

East Village 이스트 빌리지 5E

타투(tattoo) 숍과 얼터너티브 레코드, 책, 싸구려 시장, 펑크 스타일의 디자이너 숍이 있는 세인트 마크스 플레이스(St Mark's Place)가 가장 유명한 곳이다.

Flatiron District 플래티론 구역 3G

가정용품, 스포츠웨어, 가구 상점 등이 있다.

Chinatown 차이나타운 4C

디자이너 브랜드 위조가 성행하는 곳. 미술 도

플래티론 빌딩의 뾰족한 꼭대기 장식

차이나타운에서 판매 중인 민속의상

구, 스니커즈, 롤러블레이드, 싸구려 티셔츠, 전통적인 중국 랜턴부터 슬리퍼, 수제 마종 세트까지 다양한 물건을 판매한다.

West Village 웨스트 빌리지 4C

기프트 숍과 부티크, 레스토랑, 구제 옷, 책, 골동품 숍 등이 있다.

미술 도구

Pearl Paint 펄 페인트 4C

뉴욕의 가장 큰 염가 미술품 상점. 4개 층마다 저렴한 가격의 미술품들이 들어차 있다.
| 위치 308 Canal St, off Broadway
| Tel 212-431-7932

쇼핑 투어

유별난 쇼핑객들의 독특한 취향에 맞추어 와이너(Weiner)는 택시, 리무진, 미니버스를 이용한 개인 쇼핑 투어 프로그램을 만들었다. | Tel 212-873-6791

딜런스 캔디 스토어에 있는 초콜렛 토끼 제프리

서점

Barnes & Noble 반스 앤 노블 1L
앉아서 책을 읽을 수 있도록 소파와 카페 등의 편의시설이 잘 갖춰져 있다.
| 위치 2289 Broadway at W 82nd St & several other locations including 33 E 17th St | Tel 212-253-0810

Gotham Book Mart 가섬 북 마트 3I
각종 희귀본, 절판된 책들, 한정판, 초판을 포함한 50만 권 이상의 책들로 꽉 들어차 있다.

| 위치 41 W 47th St nr 6th Ave
| Tel 212-719-4448

캔디 스토어

Dylan's Candy Store 딜런스 캔디 스토어 4J
랄프 로렌의 딸인 딜런 로렌이 독창적으로 문을 연 컬러풀한 2층 건물이다. 캔디 애플 아이스크림과 12가지 다른 맛의 거미 젤리 (gummy bears)를 판매한다.
| 위치 3rd Ave at 60th St
| Tel 646-735-0078

델리

Dean & DeLuca 딘 & 델루카 4D
박물관 같은 분위기의 식당으로, 섬세하게 장식된, 미식가를 위한 레스토랑이다.
| 위치 560 Broadway at Prince St
| Tel 212-431-1691

Zabar's 자바 1L
전설적인 식도락의 메카로서 훈제 연어, 크림 치즈, 시나몬 바브카 등으로 대만원이다.
| 위치 2245 Broadway at 80th St
| Tel 212-787-2000

백화점

Barney's 바니스 3J
스타일의 천국이다. 맵시 있고 세련된 디자이너 패션부터, 가정용품, 아동복까지. 멋진 윈도우 디스플레이로 정평이 나 있다.
| 위치 660 Madison Ave at 61st St
| Tel 212-826-8900

Bloomingdale's 블루밍데일 4J
항상 사람들로 붐비는 이 화려한 10층 건물 안에는 원하는 모든 것이 있다.
| 위치 1000 3rd Ave at 59th St
| Tel 212-355-5900

퀵 픽스(Quick Fix)

물건을 쌓아서 떨어뜨리기 직전까지 쇼핑을 하고 싶은가? 블루밍데일과 메이시스, 파오 슈워츠의 쇼핑 도우미들이 당신에게 조언도 해주며 포장도 해주고 전세계 어디라도 배달까지 해준다.

Felissimo 펠리시모 3J

일본인이 소유한 디자인 하우스로 5th Ave를 약간 벗어난 곳에 위치하고 있다. 27가지의 일본 차를 즐길 수 있는 다실과 함께 보석, 가구, 조각품, 의류, 액세서리 등을 만날 수 있다.
| **위치** 10 West 56th St
| **Tel** 800-565-6785

Jeffrey 제프리 2F

단순하면서 스타일리시한 옷들이 많다. 뉴웨이브 의류와 언더웨어. 마놀로, 클러저리 스타일의 구두를 강조한다.
| **위치** 449 W 14th St bet 9th Ave & 10th Ave | **Tel** 212-206-1272

Macy's 메이시스 3H

1857년 세워진 세계에서 가장 큰 이 백화점에는 찾을 수 있느냐가 문제일 뿐, 없는 것이 없다. 롤랜드 메이시(Rowland Macy)가 1877년 죽을 때까지 그의 제국은 11개의 빌딩으로 늘어났다. 패션에서 애완동물 용품까지 50만 점에 이르는 상품이 준비되어 있다.
| **위치** 151 W 34th St bet Broadway & 7th Ave | **Tel** 212-695-4400

Takashimaya 다카시마야 3I

세련된 분위기의 일본 디자이너 스토어로서 동양사상의 디자인이 잘 어우러져 있다. 생활용품, 미용용품, 가방, 잠옷, 골동품이 있으며, 40종의 차가 준비되어 있는 티숍이 있다.
| **위치** 693 5th Ave bet 49th & 50th Sts
| **Tel** 212-350-0100

부쉬 텔레그라프

인사이더 쇼핑(Insider Shopping)을 이용하면 세일 물건을 더 싸게 살 수 있고, 뉴욕 최고급 숍에서 할인 혜택을 받을 수 있다. | **Tel** 212-557-2537
| www.inshop.com

디자이너 상품 할인매장

Loehmann's 로우먼스 2F

톱 디자이너 상품을 75%까지 할인 판매한다.
| **위치** 101 7th Ave bet 16th & 17th Sts
| **Tel** 212-227-9092

메이시스의 입구

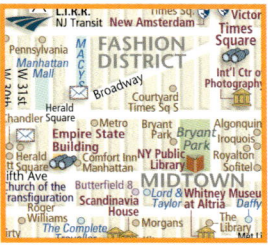

Find Outlet 파인드 아울렛 4C
최신 유행의 디자이너 웨어.
| 위치 229 Mott St | Tel 212-226-5167

INA INA 3D
영화배우, 모델이 입었던 디자이너 브랜드 의류를 만날 수 있다.
| 위치 101 Thompson St bet Prince & Spring Sts | Tel 212-941-4757

전자제품

Harvey 하비 3H
스테레오, 카메라부터 컴퓨터, TV까지 모든 전자제품을 갖추고 있다.
| 위치 2 W 45th St bet 5th & 6th Aves
| Tel 212-575-5000

> **전자제품을 살 때**
> 전자제품, 악기, 사진 장비 등은 비싼 만큼 가치가 있다.
> 그러나 물건을 사기 전 항상 시세(뉴욕 타임스) 일요일판의 광고란을 참조하면 된다)를 확인하고 쇼핑에 나설 것. 숍마다 가격이 다를 수 있다. 바가지를 쓰고 싶지 않다면 반드시 확인해야 한다.

가정용품

ABC Carpet and Home
ABC 카페트 앤 홈 3F
카페트 대형매장으로 맞은편 별관에는 고가구, 재활용 가구를 비롯해 가구를 판매한다.
| 위치 888 Broadway at 19th St
| Tel 212-473-3000

Lost City Arts 로스트 시티 아트 4E
20세기 디자인 명품과 우편함, 가스 펌프, 상점 간판처럼 이제는 사라져가는 물건을 판매.
| 위치 18 Cooper Square, near Bowery
| Tel 212-375-0500

MoMA Design Store
모마 디자인 스토어 3J & 4D
이곳의 물건들은 20세기 예술품에서 영감을 얻어 만들어진 것들이다. 메레 오펜하임(Meret Oppenheim)의 찻잔 세트를 살 능력이 안 된다면 이탈리아 변기솔을 사도 좋다.
지점 | 위치 44 W 53rd St at 5th Ave, 81 Spring St at Crosby St, SoHo
| Tel 212-767-1050 / 646-613-1367

Moss 모스 3C
알레시(Alessi)와 필립 스타크(Philippe Starck) 디자인의 익살스런 소품을 포함하는 최신 인테리어 상품의 성지이다.
| 위치 146-150 Greene St at Houston
| Tel 212-226-2190
| www.mossonline.com

란제리

La Petite Coquette 라 프티 코켓 3E
웨스트 빌리지 주민뿐 아니라 유명인들 취향에도 맞는 상품들을 판매한다.
| 위치 51 University Place bet 9th & 10th Sts | Tel 212-473-2478

시장

Annex Antiques Fair & Market
애넥스 앤티크 박람회 & 시장 3G
2블럭에 걸친 대규모 공간에서 열리는 박람회 겸 직거래 시장, 파격적인 물건들이 가득하다.
| 영업시간 토-일 해뜰 무렵-5pm
| 위치 6th Ave bet 24th & 25th Sts
| Tel 212-243-5343

Union Square Greenmarket
유니언 스퀘어 그린마켓 4F
메이플시럽, 선인장 등 지방 특산물을 판매.
| 개장 월, 수, 금 & 토요일
| 위치 Union Square
| Tel 212-477-3220

맥실라 & 맨더블의 쇼윈도우에 전시된 해골

애넥스 앤티크 박람회의 보물들

스파

Oasis 오아시스 **4F**
냉·온 현무암 마사지부터 스웨덴식 마사지, 일본식 지압, 딥티슈 마사지까지 모든 종류의 마사지를 받을 수 있다.
| **위치** 108 E 16th St at Union Square
| **Tel** 212-254-7722

Prema Nolita 프리마 놀리타 **4D**
고급스러운 스킨케어 제품을 사용하는 스파.
| **위치** 252 Elizabeth St near Houston St
| **Tel** 212-226-3972

전문점

Alphabets 알파벳 **5E**
용수철로 된 장난감, 스노우돔, 엘비스 프레슬리 기념품 등 잡다한 물건들이 모여 있다.
| **위치** 115 Ave A bet 7th & 8th Sts
| **Tel** 212-475-7250

Hammacher Schlemmer
해머셔 슐레머 **4J**
생활 필수품부터 전기 자동 소스 팬까지 온갖 소도구들을 만날 수 있다. | **위치** 147 E 57th St bet 3rd & Lexington Aves | **Tel** 212-421-9000 | www.hammacher.com

Maxilla & Mandible 맥실라 & 맨더블 **2L**
자연사 박물관 옆에 위치하고 있으며 치아, 뿔, 깃털, 뼈, 곤충, 해골 조립키트 등 박물관에서 볼 수 있는 것들의 견본을 판매한다.
| **위치** 451 Columbus Ave bet 81st & 82nd Sts | **Tel** 212-724-6173

장난감

Enchanted Forest 인챈티드 포리스트 **4D**
정교한 목재 장난감과 헝겊 인형 등이 있다.
| **위치** 85 Mercer St bet Broome & Spring Sts | **Tel** 212-925-6677

FAO Schwarz 파오 슈워츠 **3J**
뉴욕에서 가장 떠들썩한 장난감 상점이다. 실제 괴물 크기의 헝겊 인형과 뉴욕 모노폴리, 자유의 여신상 바비 인형 등을 찾아보자.
| **위치** 767 5th Ave, bet 58th & 59th Sts
| **Tel** 212-644-9400

Toys 'R' Us 토이즈 알 어스 **3H**
세계에서 가장 큰 장난감 백화점. 18m 높이의 회전식 관람차, 포효하는 공룡, 거대한 바비 인형의 집은 아이들을 사로잡기에 충분하다.
| **위치** 1514 Broadway at 44th St
| **Tel** 212-225-8392

뉴욕의 구경거리

영화, 콘서트홀, 재즈 & 록 음악 클럽, 코미디클럽, 나이트클럽, 술집들이 열기로 끓어오른다. 공연예술도 마찬가지로, 녹화 공연에서부터 브로드웨이 쇼까지, 뉴욕이 세계 무대를 이끌고 있다 해도 과언이 아니다. 거리 페스티벌과 공원에서 열리는 영화제, 오페라 무대 등 수백 가지 공연을 무료로 관람할 수 있다. 무엇을 선택할지에 대해서는 뉴요커에게 묻거나 인터넷, 《타임 아웃 뉴욕 *Time Out New York*》, 《뉴욕 타임스 *The New York Times*》, 《뉴요커 *The New Yorker*》 등의 잡지, 신문을 이용할 수 있다. 공연 당일 티켓을 구하려면 타임스 스퀘어에 있는 TKTS 티켓 판매소를 찾을 것. 야구, 미식 축구 경기 티켓은 금값에 맞먹지만, 관중이나 선수로 직접 뛰면서 스포츠를 즐길 방법들도 많이 있다.

구경거리 Watch it   뮤지컬에서 스포츠까지

영화

어느 도시보다도 새 영화가 먼저 개봉되며, 다양한 고전 영화, 외국 영화들이 상영된다.
| **예약 Tel** 212-777-FILM
| www.moviefone.com

Angelika Film Center
앤절리커 필름 센터 **4D**

커피와 케이크를 즐기며 재상영하는 영화를 감상할 수 있다.
| **위치** 18 W Houston St at Mercer St
| **Tel** 212-995-2000

Cinema Classics 시네마 클래식스 **3E**

예술영화 상영 극장(프랑수아 트뤼포, 페데

**HBO 브라이언트 파크
여름 영화 축제**

월요일마다 대형 스크린으로 무료 영화 상영을 하는 브라이언트 파크를 찾아보자. 야외에서 상영하므로 담요를 준비할 것.

| **위치** 6th Ave bet 40th & 42nd Sts
| **Tel** 212-768-04242
| www.bryantpark.org

링컨 센터 앞 광장

리코 펠리니 감독의 영화 등).
| **위치** 332 E 11th St | **Tel** 212-677-5368
| www.cinemaclassics.com

Landmark's Sunshine Cinema
랜드마크 선샤인 시네마 **4D**

5개의 스크린과 독립 영화 상영을 위한 스타디움을 갖추고 복원된 희가극 극장이다.
| **위치** 143 E Houston St bet 1st & 2nd Aves
| **Tel** 212-358-7709

Loew's IMAX 로우스 아이맥스 **2K**

8층의 3차원 스크린 영화관으로 최신 아이맥스 영화를 상영한다.
| **위치** 1992 Broadway at 68th St
| **Tel** 212-336-5000

클래식 음악

공연 스케줄은 《뉴욕 타임스》를 통해 확인하고 티켓은 티켓마스터(Tel 212-307-4100, www.ticketmaster.com)를 이용하거나 공연장에 직접 가서 구입한다. 링컨 센터에서 열리는 당일 공연 티켓을 25-50% 할인된 가격으로 사려면 타임스 스퀘어에 있는 TKTS 티켓 판매소를 이용한다.

Lincoln Center 링컨 센터 **2K**

이 거대한 예술 단지에는 150년 역사의 뉴욕 필하모닉 오케스트라의 본거지인 **에이버리 피셔 홀**(Avery Fisher Hall), 실내악과 독주회 장소로 주로 이용되는 **앨리스 털리 홀**(Alice Tully Hall), 세계적인 **메트로폴리탄**

오페라 하우스(Metropolitan Opera House), 그리고 뉴욕 시티 오페라, 뉴욕 시티 발레단의 본거지인 **뉴욕 주립 극장(New York State Theater)**이 있다.
| **위치** 65th St at Columbus Ave | **Tel** 212 LINCOLN | www.lincolncenter.org

Bargemusic 선상음악회 5B
전망창으로 로어 맨해튼이 보이는 약 3m의 유람선에 올라타 세계 정상급 독주자들의 실내악 연주를 감상해 보자.
| **위치** Fulton Ferry Landing, Brooklyn
| **Tel** 718-624-2083
| www.bargemusic.com

Carnegie Hall 카네기 홀 3J
소극장인 바일 리사이틀 홀(Weill Recital Hall)과 세계 최고 수준의 잰켈 홀(Zankel Hall)에서 실내악 콘서트, 독주회, 오케스트라 공연을 감상할 수 있다.
| **Tel** 212-903-9750
| www.carnegiehall.org

St Thomas' Church 성 토마스 교회 3I
프렌치 고딕 양식으로 지어진 맨해튼의 가장 아름다운 교회로서 미국 최고 합창단의 런치 타임 콘서트를 감상할 수 있다.
| **위치** 1 W 53rd St at 5th Ave
| **Tel** 212-757-7013

클럽 & 라운지 바

범죄, 마약, 소음 단속 이후로 대규모 클럽들이 브루클린과 퀸즈로 옮겨갔다. 《타임 아웃 Time Out》, 《뉴욕 New York》, 《디테일 Details》, 《페이퍼 매거진 Paper magazine》, 《HX》의 클럽 리스트 참조.

셰익스피어 페스티벌

델라코트 극장(Delacorte Theater)에서 열리는 야외 공연. (무료티켓 구입 6월-9월 1pm 이후(11.30am까지 도착할 것).

| **Tel** 212-539-8750
| www.publictheater.org

무대 뒤에서

메트로폴리탄 오페라(Tel 212-769-7020) 투어로 무대 뒤 모습을 살펴보자.

링컨 센터 | **Tel** 212-875-5350
카네기 홀 | **Tel** 212-247-7800
NBC | **Tel** 212-664-3600
| www.nbctour.com

타임스 스퀘어의 티켓 판매소 TKTS

Centro-Fly 센트로 플라이 3F
DJ와 60년대식 인테리어가 특징. 라운지, 샴페인 바, 레스토랑이 있다.
| **위치** 45 W 21st St bet 5th & 6th Aves
| **Tel** 212-627-7770
| www.centro-fly.com

Club Arc 클럽 아르크 3C
새벽 6시부터의 디스코, 하우스, 테크노 음악으로 시끌벅적하다.
| **위치** 6 Hubert St at Hudson St
| **Tel** 212-226-9212

Lotus 로터스 2F
분위기 좋은 레스토랑과 개인 룸, 바가 있는 클럽 겸 레스토랑.
| **위치** 409 W 14th St bet 9th & 10th Aves
| **Tel** 212-243-4420

Nell's 넬스 2F
평일엔 힙합과 레게, 쿠바 음악, 하우스, 토

공개 방송

NBC 방송의 'Saturday Night Live' (49th St와 30 Rocke-feller plaza 교차 지점에 위치한 NBC 빌딩 차양에서 오후 7시부터 대기 가능), 또는 'The Late Show with David Letterman' (월-목 Tel 212-247-6497, 오전 11시부터 대기 가능)의 공개 방송 체험 기회를 놓치지 말자.

요일엔 재즈가 연주된다.
| **위치** 246 W 14th St bet 7th & 8th Aves
| **Tel** 212-675-1567 | www.nells.com

코미디 & 카바레

Café Carlyle 카페 칼라일 4L
월-화요일에 바비 쇼트(Bobby Short)가 거쉰(Gershwin)과 포터(Porter)의 음악을 선사한다. 봉사료는 $60이다.
| **위치** 35 E 76th St at Madison Ave
| **Tel** 212-744-1600

Comic Strip 코믹 스트립 4L
자리에서 일어나 흥에 겨워 소리치는 청중들과 떠들썩한 분위기에 취해 보자. 하루에 15명의 코미디언이 출연한다.
| **위치** 1568 2nd Ave bet 81st & 82nd Sts
| **Tel** 212-861-9386
| www.comicstriplive.com

Duplex 듀플렉스 3E
뉴욕에서 가장 오래된 피아노 바로, 아마추어들이 자유롭게 노래 부를 수 있는 오픈 마이크가 있다. 게이 카바레와 여장 파티, 코미디가 한데 섞인 곳이다.
| **위치** 61 Christopher St at 7th Ave S
| **Tel** 212-255-5438

Gotham Comedy Club
가섬 코미디 클럽 3F
신인 & 유명 코미디언이 함께 출연하는 클럽으로, 상류층 고객을 대상으로 한다.
| **위치** 34 W 22nd St bet 5th & 6th Aves
| **Tel** 212-367-9000
| www.gothamcomedyclub.com

춤

뉴욕은 화려한 뮤지컬부터 고전 발레와 아방

블루 노트에 모여든 재즈 팬들

가르드 예술까지 모든 종류의 춤을 선보이는 곳이다.

New York City Ballet 뉴욕 시티 발레 2K
조지 밸런친에 의해 창설된 발레단으로 매년 11월 '호두까기 인형'을 무대에 올린다.
| **위치** Lincoln Center | **Tel** 212-870-5570 | www.nycballet.com

American Ballet Theater
아메리칸 발레 시어터 2K
5월부터 7월까지 메트로폴리탄 오페라 하우스(p.24 참조)에 상주한다. 19세기 고전 발레부터 현대 작품까지 다양한 레퍼토리를 가지고 있다.
| **위치** Metropolitan Opera House, Lincoln Center | **Tel** 212-362-6000

Brooklyn Academy of Music
브루클린 아카데미 오브 뮤직
현대 무용의 발판으로, 3개의 무대가 있다.
| **위치** 30 Lafayette Ave, Brooklyn | **Tel** 718-636-4100 | www.bam.org

재즈

현대 재즈 스타일의 상당수가 빅애플(Big Apple)에서 시작되었다. 대부분의 클럽들이 $10-25의 봉사료를 청구한다.

버드랜드의 네온사인

Birdland 버드랜드 2H
찰리 파커(Charlie Parker)가 섰던 전설적인 클럽을 부활시켰다. 대형 무대와 남부 스타일의 음식, 듀크 엘링턴 오케스트라(Duke Ellington Orchestra)와 치코 오파릴 아프리카 캐리비언 재즈 빅 밴드(Chico O'Farrill Afro-Caribbean Jazz Big Band)를 포함한 화려한 출연진을 자랑한다.
| **위치** 315 W 44th St | **Tel** 212-581-3080 | www.birdlandjazz.com

Blue Note 블루 노트 3E
재즈, 블루스, R&B계의 최고 연주자들이 출연한다.
| **위치** 131 W 3rd St bet MacDougal & 6th Ave | **Tel** 212-475-8592 | www.bluenote.net

Village Vanguard 빌리지 뱅가드 2E
1966년 세워진 히피의 메카로서, 밍구스(Mingus), 데이비스(Davis), 몽크(Monk) 등 재즈계의 유명한 이름들이 이곳에서 비롯되었다.
| **위치** 178 7th Ave S at Perry St | **Tel** 212-255-4037 | www.villagevanguard.net

록 & 팝

전설적인 매디슨 스퀘어 가든(Madison

4.45pm 타임스 스퀘어를 오가는 택시들

브로드웨이의 밤거리를 밝히는 불빛들

Square Garden)부터 작은 지하의 술집, 클럽까지 다양한 곳이 있으며, 그만큼 공연 수준도 천차만별이다. 큰 공연은 **티켓마스터(Ticket Master)**에서 예약 필수.

Apollo 아폴로 2P
뉴욕 할렘의 정수를 보여주는 곳으로서 엘라 피츠제럴드(Ella Fitzgerald), 제임스 브라운(James Brown), 잭슨 파이브(Jackson Five)가 열렬한 갈채를 받았던 아마추어 나이트(Amateur Night, 전망 있는 젊은 아티스트들을 발굴하고 육성하는 아폴로 시어터의 프로그램)가 유명하다.
| **위치** 253 W 125th St bet 7th & 8th Aves
| **Tel** 212-749-5838

CBGB 4D
뉴욕 펑크 음악의 탄생지로, 지금은 포스트 펑크, 록, 인디밴드 음악이 주로 연주된다.
| **위치** 315 Bowery at Bleecker St
| **Tel** 212-982-4052 | www.cbgb.com

Continental 콘티넨털 4E
하루 저녁에 4개 밴드까지 공연하는 이스트 빌리지의 유명한 클럽.
| **위치** 25 3rd Ave at St Mark's Place
| **Tel** 212-529-6924

Madison Square Garden
매디슨 스퀘어 가든 2G
공연, 스포츠를 관람할 수 있는 거대한 장소.
| **위치** 4 Pennsylvania Plaza
| **Tel** 212-465-6741

SOB's 소브스 3D
느긋한 분위기에서 라틴, 레게, 살사, R&B, 트리니다드 카니발, 자이데코를 즐길 수 있는 공연장.
| **위치** 204 Varick St at Houston St
| **Tel** 212-243-4940 | www.sobs.com

극장

대규모 극장에서부터 실험적인 소극장까지

밥 앤 보울(Bop 'n' Bowl)
보울머 레인스(Bowlmor Lanes)에서 월요일 밤의 디스코 & DJ 타임을 확인해보자. 어둠 속에서 반짝이는 볼링공과 멋진 미국식 레스토랑을 놓치지 말 것.
| **위치** 110 University Place
| **Tel** 212-255-8188
| **영업시간** 4am까지

뉴욕에는 수많은 극장들이 있다. 브로드웨이 티켓을 구하려면 텔레차지(Telecharge, Tel 212-239-6200, www.telecharge.com), 티켓마스터 같은 에이전시를 이용하도록. TKTS 티켓 판매소(Tel 212-221-0013, www.tdf.org)에서는 할인 티켓을 구입할 수 있다. 투퍼티(twofer) 쿠폰이 있으면 정해진 공연에 한하여 티켓 1장 가격으로 2장을 살 수 있다(여행 안내소나 서점에서 구할 수 있음). 티켓 구하기가 거의 불가능한 인기 있는 브로드웨이 쇼를 보려면 티켓시티(Ticket-City, Tel 800-880-8886, www.ticketcity.com) 같은 티켓 브로커를 찾도록.

브로드웨이 공연장

Ambassador 앰배서더 2I
| **위치** 215 W 49th St bet 8th Ave & Broadway | **Tel** 212-475-7710

Gershwin 거쉰 2I
| **위치** 222 W 51st St bet 8th Ave & Broadway | **Tel** 212-307-4100

Majestic 마제스틱 2I
| **위치** 245 W 44th St bet 8th Ave & Broadway | **Tel** 212-239-6200

Schubert 슈베르트 2H
| **위치** 225 W 44th St bet 8th Ave & Broadway | **Tel** 212-239-6200

오프 & 오프오프 브로드웨이

오프 브로드웨이 극장은 유망주들을 소개하고, 오프오프 브로드웨이 극장에서는 전위적인 작품을 창조한다.

Atlantic Theater Co 애틀랜틱 시어터 2F
극작가 데이비드 마멧(David Mamet)의 극장 워크숍을 거친 작가들의 작품을 공연.

브로드웨이의 앰배서더 시어터

| **위치** 336 W 20th St bet 8th & 9th Aves
| **Tel** 212-645-1242
| www.atlantictheater.org

La MaMa 라 마마 4E
1961년에 세워진 극장으로 랜포드 윌슨(Lanford Wilson), 하비 피어스타인(Harvey

센트럴 파크 섬머 스테이지

세계의 민속음악부터 웅장한 오페라까지 럼지 플레이필드(Rumsey Playfield) 섬머 스테이지에서 모든 것을 볼 수 있다. 가능한 한 일찍 도착할 것. 티켓 필요 없음.

6월-9월 공연일정 안내
| Tel 212-360-2777
| www.summerstage.org

브로드웨이 공연 싸게 보는 방법

47th St와 브로드웨이에 위치한 TKTS 티켓 판매소는 공연 당일에 한해 브로드웨이와 오프 브로드웨이 공연 티켓을 50~75% 할인된 가격에 판매한다. 부스 앞에 아침 일찍부터 줄을 서서 기다릴 수 있다.

Fierstein), 샘 셰퍼드(Sam Shephard)가 활동을 시작한 곳이다. 전위적인 드라마로 유명하다.
| **위치** 74a E 4th St bet Bowery & 2nd Ave | **Tel** 212-475-7710
| www.lamama.org

Public Theater 퍼블릭 시어터 4E
조지프 팝(Joseph Papp)이 세운 오프 브로드웨이 극장으로 5개의 무대가 있으며, 고전, 현대 작품의 새로운 해석에 기치를 두고 있다.
| **위치** 425 Lafayette St bet 4th St & Astor Pl | **Tel** 212-539-8500
| www.publictheater.org

스포츠

야구
뉴욕에는 메츠(the Mets)와 양키즈(the Yankees), 2개의 메이저리그 팀이 있다. 두 팀 모두 열렬한 지지를 받고 있는데 현재는 지난 100년간 25번의 월드 시리즈 우승 기록을 세운 뉴욕 양키즈가 더 우세하다. 야구 시즌은 4월부터 10월까지인데 챔피언십 경기 티켓을 구하기는 하늘의 별따기이다. 금액이 상관없다면 티켓시티를 찾도록.

New York Mets 뉴욕 메츠
| **위치** Shea Stadium, 123-01 Roosevelt Ave at 126th St, Flushing, Queens
| **Tel** 718-565-4305 | www.mets.com

New York Yankees 뉴욕 양키즈
| **위치** Yankee Stadium, River Ave at 161st St, Bronx | **Tel** 718-293-4300
| www.yankees.com

농구
매디슨 스퀘어 가든에서 열리는 닉스(the Knicks)의 티켓은 거의 금값이다. 농구 시즌은 겨울부터 봄까지이다.

New York Knickerbockers
뉴욕 니커보커스(뉴욕 닉스) 2L
매디슨 스퀘어 가든에서는 여성 팀의 선두주

공을 선점한 닉스팀 선수

자 리버티(the Liberty)의 경기도 열린다.
| **위치** Madison Square Garden, 7th Ave at 32nd St | **Tel** 212-465-6741
| www.nba.com/knicks

New Jersey Nets 뉴저지 네츠
| **위치** Continental Airlines Arena, East Rutherford, NJ | **Tel** 201-935-3900

당구

Amsterdam Billiard Club
암스테르담 빌리어드 클럽 2L
뉴욕에서 가장 멋진 당구장 가운데 하나. 10대의 TV 스크린과 바, 벽난로가 갖춰져 있다.
| **위치** 344 Amsterdam Ave at 77th St | **Tel** 212-496-8180
| www.amsterdambilliards.com

Chelsea Bar & Billiards
첼시 바 & 빌리어즈 3F
37개의 풀사이즈 당구대와 스누커 당구 테이블, 칵테일 바와 지중해식 레스토랑이 있다.
| **개장** 월-목 11am-5pm 금-일 11am-4am | **위치** 54 W 21st St bet 5th & 6th Aves | **Tel** 212-989-0096

볼링

Bowlmor Lanes 볼머 레인즈 3E
1938년 문을 연 볼링장으로 44개의 레인과 아르데코 양식의 바, 레스토랑이 있다. 월요

일 밤엔 다음 날 오전 4시까지 디스코 타임이
있다.
| **위치** 110 University Place bet 12th & 13th Sts | **Tel** 212-255-8188
| www.bowlmor.com

미식 축구

뉴욕 팀 경기 티켓은 보통 '몇 년 전'에 매진된다. 호텔 안내 데스크에 부탁하면 구할 가능성도 있다. 소형차 한 대 값은 예상해야 할 듯.

New York Giants 뉴욕 자이언츠
| **위치** Giants Stadium, E Rutherford, NJ
| **Tel** 201-935-8222
| www.giants.com

New York Jets 뉴욕 제츠
| **위치** 1000 Fulton Ave, Hempstead, NY
| **Tel** 516-560-8200

하키

레인저스(Rangers), 아일랜더스(Islanders), 뉴저지 데블스(New Jersey Devils)가 뉴욕에 본거지를 두고 있다.

New York Rangers 뉴욕 레인저스 2G
| **위치** Madison Square Garden, 7th Ave at 32nd St
| **Tel** 212-465-6741
| www.newyorkrangers.com

New York Islanders 뉴욕 아일랜더스
| **위치** 1255 Hempstead Tpke, Long Island
| **Tel** 516-794-4100
| www.newyorkislanders.com

New Jersey Devils 뉴저지 데블스
| **위치** Continental Airlines Arena, E Rutherford, NJ | **Tel** 201-935-6050

경마

Aqueduct Racetrack 애퀴덕트 경마장
맨해튼 근교의 주요 레이스트랙 4곳 가운데 가장 인기 있는 곳이다.
| **위치** 110th St at Rockaway Blvd, Ozone Park, Queens | **Tel** 718-641-4700

승마

Claremont Riding Academy
클레어몬트 승마 아카데미 2M
센트럴 파크에서 승마를 즐길 수 있다.
| **위치** 175 W 89th St bet Amsterdam & Columbus Aves | **Tel** 212-724-5100

스포츠 빌리지

Chelsea Piers Sports and Entertainment Complex 첼시 피어스 스포츠 앤 엔터테인먼트 콤플렉스 1F
약 0.12km² 면적의 이 스포츠 빌리지는 첼시 해안가에 있는 4개의 부두와 약 1.5km²를 차지하는 미국 최대 규모의 스포츠 빌리지이

뉴욕 자이언츠의 쿼터백

다. 뉴욕주 최대인 아이스 스케이팅과 롤러 블레이드를 위한 트윈 링크, 짧은 러닝트랙, 배구 샌드 코트, 40개의 레인이 있는 볼링 아케이드 마리나(marina), 아웃도어 골프 레인지, 북동 해안 최대 크기의 등반 암벽 등이 주요 볼거리이다.
| **위치** Piers 59-62, 17th-23rd St at West Side Hway | **Tel** 212-336-6500
| www.chelseapiers.com

테니스

US Open
US Open 티켓은 6월 초 판매가 시작되자마자 곧 매진된다.
| **위치** USTA National Tennis Center, Flushing, Queens
| **Tel** 718-760-6200 | www.usopen.org

뉴욕의 먹을거리

뉴욕에서는 외식하는 것이 집에서 먹는 것보다 더 비용이 적게 들 수 있다. 뉴욕의 자랑거리인 2만여 개의 레스토랑에는 세계 각국의 전통 요리가 100여 가지 이상 준비되어 있다. 그것이 핫도그이건 고급 요리이건, 뉴요커들은 음식에 열정적이다. 메뉴, 요리사, 레스토랑을 놓고 논쟁을 벌이고, 새로운 메뉴를 맛보거나 새로운 레스토랑이 문을 열면 도시 전체가 열광한다.

먹을거리 Taste it   현지 음식에서 세계 전통요리까지

가격 표시

$ = $20 이하
$$ = $20-30
$$$ = $30-50
$$$$ = $50 이상

세계 각국의 요리

Do Hwa 도화 $$ 3D
고급 한국 레스토랑으로 유명 인사들의 투자 (쿠엔틴 타란티노(Quentin Tarantino)가 투자자 가운데 하나이다)와 훌륭한 메뉴가 결합된 곳이다.
| 위치 55 Carmine St bet Bedford St & 7th Ave | Tel 212-414-1224

FireBird 파이어버드 $$$ 2I
블리니스(blinis), 캐비아(caviar) 등 고급 러시아 요리 전문점. 맨해튼에서 가장 분위기 좋은 레스토랑 가운데 하나이다.
| 위치 365 W 46th bet 8th & 9th Aves
| Tel 212-586-0244

Jezebel 제저벨 $$$ 2I
루이지애나 스타일의 실내 장식과 세련된 남부 스타일의 요리를 선보인다.
| 위치 630 9th Ave at 45th St
| Tel 212-582-1045

Moustache 머스태시 $ 2E
맛있고 저렴한 중동 지역 음식을 선보인다.
| 위치 90 Bedford St bet Barrow & Grove Sts | Tel 212-229-2220

Rosa Mexicano 로사 멕시카노 $$$ 5J
멕시칸 요리의 정수를 느낄 수 있는 곳.
| 위치 1063 1st Ave at 58th St
| Tel 212-753-7407

Shun Lee 션 리 $$$ 2J
정통 광둥, 상하이, 쓰촨식 요리를 맛볼 수 있는 근사한 중식 레스토랑.
| 위치 43 W 65th St, near Columbus Ave
| Tel 212-595-8895

Wong Kee 웡 키 $ 4D
떠들썩한 차이나타운의 간이식당. 셀프 서비스이며, 집에서 먹는 것보다 비용이 적게 든다.
| 위치 113 Mott St bet Canal & Hester Sts
| Tel 212-226-9018

퓨전 요리

Kitchen Club 키친 클럽 $$$ 4D
로맨틱한 촛불이 은은한 레스토랑으로 일본식 가정요리와 프랑스 코르동 블루(cordon bleu)를 결합시킨 색다른 요리를 경험할 수 있다.
| 위치 30 Prince St at Mott St
| Tel 212-274-0025

Tabla 타블라 $$$$ 3G
아메리칸 인디언 스타일의 퓨전 요리. 매력적인 아르데코 양식의 실내가 눈길을 끈다.
| 위치 11 Madison Ave at 25th St
| Tel 212-889-0667

피자

John's Pizzeria 존스 피제리아 $ 3E
석탄불을 사용해 만든 피자로 유명하며 우디 알렌(Woody Allen), 조 페시(Joe Pesci), 대니 드 비토(Danny De Vito) 등이 단골 고객.
| 위치 278 Bleecker St bet 6th & 7th Aves
| Tel 212-243-1680

차이나타운의 멋진 요리

델리

Carnegie Deli 카네기 델리 $$ 2J
명실공히 뉴욕 최고의 델리이다. 뉴욕에서 가장 큰 파스트라미 온 라이(pastrami on rye, 소의 훈제 가슴살 고기인 파스트라미를 호밀빵에 끼워서 먹는 샌드위치 종류)가 메뉴다. 다소 비싸지만 멋진 분위기의 식당.
| 위치 854 7th Ave at 55th St
| Tel 212-757-2245

Katz's 카츠 $ 5D
영화 〈해리가 샐리를 만났을 때(When Harry Met Sally)〉에서 맥 라이언이 파스트라미 온 라이를 먹다가 오르가슴을 연기했던 바로 그 장소. 로우어 이스트 사이드에 위치.
| 위치 205 E Houston St
| Tel 212-254-2246

아침식사

Comfort Diner 컴포트 다이너 $ 3F & 4I
50년대 향수를 불러일으키는 레스토랑으로 팬케이크, 부리토(burritos, 고기와 치즈를 얹어서 요리한 토르티아 빵의 일종), 셰이크와 오믈렛 등이 나온다.

엠파이어 다이너의 50년대식 분위기

| 지점 | 위치 W 23rd at 6th Ave | Tel 212-741-1010
| 지점 | 위치 214 E 45th St bet 2nd & 3rd Aves | Tel 212-867-4555

Cupping Room Café 커핑 룸 카페 $$ 4D
아침식사 메뉴가 하루 종일 서빙된다.
| 위치 359 W Broadway, bet Broome & Grand Sts | Tel 212-925-2898

Pink Tea Cup 핑크 티 컵 $$ 2E
소시지 패티, 삶은 포크, 옥수수빵 등 정통 남부 요리를 선보인다.
| 위치 42 Grove St bet Bedford & Bleecker Sts | Tel 212-807-6755

심야 & 24시간 영업 레스토랑

Balthazar 발타자르 $$$ 4D
매우 유명한 파리풍의 레스토랑. 아침에는 7.30am부터, 금-토요일은 2.30am까지 영업하여 방문객의 편의를 고려한다.
| 위치 80 Spring St bet Broadway & Crosby St | Tel 212-965-1414

Empire Diner 엠파이어 다이너 $$ 2F
24시간 영업. 과거 미국 레스토랑 분위기.

팁 주는 법

대부분의 레스토랑에서는 서비스 가격을 음식 값과는 별도로 계산한다.
레스토랑에서의 팁은 보통 총 금액의 15~20%이다. 뉴요커들은 대부분 봉사료 8.25%의 2배인 16.5%를 팁으로 준다.
바에서는 잊지 말고 지배인에게 $1 정도의 팁을 줄 것.

오믈렛, 버거, 생선, 튀김 등의 메뉴가 있다.
| **위치** 210 10th Ave at W 22nd St
| **Tel** 212-243-2736

Florent 플로렌트 **$** 2E
주말엔 24시간, 월-목은 5am까지 영업한다. 이 레스토랑은 클럽 매니아들이 꼭 들르는 곳으로 유명하다. 계란 요리, 베이컨, 토스트, 튀김, 마늘을 첨가한 달팽이 요리 등이 있다.
| **위치** 69 Gansevoort St bet Greenwich & Washington Sts | **Tel** 212-989-5779

브런치

Dim Sum Go Go 딤섬 고고 **$$** 4C
홍콩식 딤섬은 일요일 아침 브런치로 제격이다.
| **위치** 9 E Broadway at Chatham Sq
| **Tel** 212-732-0796

Mesa Grill 메사 그릴 **$$$** 3F
패셔너블한 옷차림의 사람들이 맨해튼에서 가장 훌륭하고 매운 남서부 요리를 즐긴다.
| **위치** 102 5th Ave bet 15th & 16th Sts
| **Tel** 212-807-7400

Pastis 파스티스 **$$$** 2E
미트패킹 구역의 작은 레스토랑이다. 가능하면 저녁 시간이나 주말을 피해 주중의 브런치나 점심 시간을 이용하는 것이 좋을 듯.
| **위치** 9-11 Little W 12th St at 9th Ave
| **Tel** 212-929-4844

Sylvia's 실비아 **$$** 3P
계란 요리와 닭찜, 콜라드 그린(collard greens), 고구마 파이를 맛볼 수 있다. 관광객에게 인기 있는 곳이며 주말엔 재즈나 가스펠 음악이 연주된다.
| **위치** 328 Lenox Ave bet 126th & 127th Sts | **Tel** 212-996-0660

실비아에서 즐기는 감자 파이와 주말의 재즈 공연

모시즌 호텔의 57/57

다니엘의 잘 퍼진 테이블보

바

F57/57, Four Seasons Hotel
57/57, 포시즌 호텔 **$$$** 4J
고급스러운 분위기에서, 맨해튼에서 가장 큰 잔의 마티니를 즐길 수 있다.
| **위치** 57 E 57th St | **Tel** 212-758-5700

Campbell Apartment
캠벨 아파트먼트 **$$$** 4H
그랜드 센트럴 터미널이 내려다보인다. 화려하게 리노베이션된 나무벽의 라운지 바에서 고급 칵테일을 즐겨보자.
| **위치** Grand Central Terminal
| **Tel** 212-953-0409

Top of the Tower 탑 오브 더 타워 **$$$** 5I
아름다운 1929년 아르데코 양식의 칵테일 바 & 레스토랑. 거대한 스카이라인을 볼 수 있다.
| **위치** Beekman Tower, 3 Mitchell Pl bet 1st Ave & 49th St | **Tel** 212-980-4796

연인들을 위한 저녁식사

Barbetta 바베타 **$$$$** 2I
뉴욕에서 가장 오래된 이탈리안 레스토랑. 향기로운 정원에서 식사를 할 수도 있다.
| **위치** 321 W 46th St bet 8th & 9th Aves
| **Tel** 212-246-9171

Tasting Room 테이스팅 룸 **$$$** 4D
깨끗하고 산뜻한 뉴 아메리칸 요리를 제공한다. 좌석이 25개뿐인 작은 이스트 빌리지 레스토랑이다. 300개의 와인 리스트가 있다.
| **위치** 72 E 1st St bet 1st & 2nd Aves
| **Tel** 212-358-7831

유명 레스토랑

Babbo 바보 **$$$$** 3E
마리오 바탈리(Mario Batali)는 '입에서 녹는 듯한' 파스타와 푸딩 등으로 뉴욕을 열광시켰다. $59로 7가지 코스의 훌륭한 메뉴를 만날 수 있다.
| **위치** 110 Waverley Place bet MacDougal St & 6th Ave | **Tel** 212-777-0303

Daniel 다니엘 **$$$$** 4K
뉴욕에서 가장 맛있는 프랑스 요리 전문점 가운데 하나. 르 시르크(Le Cirque), 미국 내 대표적인 바의 명칭) 출신인 일류 요리사 다니엘 볼러드(Daniel Boulud)가 운영한다. 따로 점심 메뉴, 저녁 메뉴가 있어 비교적 저렴한 가격에 일류 요리를 맛볼 수 있다.
| **위치** 60 E 65th St bet Madison & Park Aves | **Tel** 212-288-0033

Jean-Georges 장 조르주 **$$$$** 2J
장 조르주 봉거리텐(Jean-Georges Vonger

ichten, 프랑스 일류 요리사)이 최근 문을 연 엄청나게 비싼 레스토랑.
| **위치** Trump International Hotel, 1 Central Park West | **Tel** 212-299-3900

Nobu 노부 $$$$ 1C

멕시코, 이탈리아의 특색이 가미된 환상적인 일본 음식을 제공한다. 예약 필수. 아니면 바에서 저렴한 점심을 즐기도록.
| **위치** 105 Hudson St
| **Tel** 212-219-0500

그랜드 센트럴 터미널의 유명한 '오이스터 바'

최고의 만찬

Gotham Bar and Grill
가섬 바 앤 그릴 $$$$ 3E
점잖은 분위기. 북이탈리아식 파스타, 가금류, 리조토가 나온다. | **위치** 12 E 12th St at 5th Ave | **Tel** 212-620-4020

Gramercy Tavern 그러머시 태번 $$$$ 3F
훌륭한 미국 선술집 메뉴들. 정오-11pm에는 예약이 필요 없는 괜찮은 바 메뉴들이 있다.
| **위치** 42 W 20th St bet Park Ave S & Broadway | **Tel** 212-477-0777

Oyster Bar And Restaurant
오이스터 바 & 레스토랑 $$$ 4H
그랜드 센트럴의 구아스타비노 타일 내부에 자리잡은 이 굉장한 레스토랑을 방문하지 않고는 뉴욕을 여행했다고 말할 수 없다. 신선한 해산물과 20여 종의 굴이 나온다.
| **위치** Grand Central Terminal, lower level
| **Tel** 212-490-6650
| www.oysterbarny.com

Le Bernardin 르 베르나멩 $$$$ 3I
맨해튼 최고의 피쉬 레스토랑으로 구운 성게부터 도미, 넙치, 대합 조개까지 놀랍도록 신선한 해산물들을 맛볼 수 있다.
| **위치** 155 W 51st St bet 6th & 7th Aves
| **Tel** 212-489-1515

금연
뉴욕은 벌써 몇 년째 공공 장소에서의 흡연을 금하고 있다. 그러나 현재는 모든 클럽과 바, 카페, 레스토랑 전체에도 흡연 금지 법안이 있다. 그러므로 공공 장소에서는 담배는 꺼내지도 않는 게 좋다.

르 베르나뎅의 꽃으로 가득한 실내

River Café 리버 카페 $$$$ 6B
음식뿐 아니라 다운타운 맨해튼의 스카이라인이 보이는 멋진 전망으로 찬사를 받는 곳. 가벼운 스낵을 즐기기에도 손색이 없다.
| **위치** 1 Water St at Brooklyn Bridge
| **Tel** 718-522-5200

스테이크

Peter Luger Steakhouse
피터 루거 스테이크하우스 $$$ 4B
스테이크 애호가와 저민 양고기를 좋아하는 사람들을 위한 초호화 레스토랑.
| **위치** 178 Broadway at Driggs Ave, Brooklyn | **Tel** 718-387-7400

베이글

Ess-a-Bagel 에스-어-베이글 $ 5H and 4I
이보다 더 완벽한 베이글은 없다.

> **시식용 메뉴**
> 거의 모든 고급 레스토랑에는 시식용 메뉴가 있어서 손님들이 맛볼 수 있다.

| **위치** 359 1st Ave at 21st St and 831 3rd Ave bet 50th & 51st Sts

다과

Veniero's 베니에로스 $ 5E
1894년 세워진 이탈리안 과자점. 카푸치노와 카놀리(cannoli, 리코타 치즈, 너트, 과일, 초콜릿 등으로 속을 채운 원통 모양의 패스트리로 이탈리아 시실리 지방의 디저트)를 즐길 수 있다.
| **위치** 342 E 11st St bet 1st & 2nd Aves
| **Tel** 212-674-7070

> **저렴한 점심 식사**
> 몇몇 뉴욕의 최고급 레스토랑에서는 3코스의 점심 메뉴를 저렴한 가격에 내놓고 있다. 노부($20), 다니엘($34), 아쿠아비트(£35), 파이어버드($20), 구아스타비노($20), 그라머시 태번($36), 고담 바 & 그릴($20), 장 조르주($35), 몽트라세($20), 마크스($20), 봉($28)이 있다.

뉴욕의 알거리

맨해튼은 길이 21.4km에 폭은 1.3-3.7km이다. 5th Avenue가 가운데로 내려가면서 거리를 동서로 나눈다. 브로드웨이는 위에서 아래로 사선으로 내려가며 삼각형 모양의 도시 블록을 만든다. 지하철은 가장 빠르고 효과적인 교통수단이다. 열차는 빠르면서도 배차 간격이 짧은데, 25개 노선과 전체 1,049km의 거리를 하루 24시간 달린다. 또한 교통 혼잡 시간대만 피한다면 버스도 좋은 선택이다. 남-북 방향으로 오가는 버스는 교통 사정에 따라 지체될 수 있지만 동-서 방향의 버스는 도시를 가로지르는 아주 편리한 수단이다. 택시도 쉽게 이용할 수 있다. 1만 2,000대의 택시는 도시를 누비는 안전한 방법이다.

알거리 Know it 지하철에서 병원, 은행까지

라가디아 공항에서의 탑승 수속

여행 정보

NYC and Company Convention and Visitors Bureau 뉴욕 관광 안내소 2l
주요 관광지, 숙박시설, 즐길거리에 대한 책자와 할인 쿠폰, 무료 배포 지도가 있다.
| **위치** 810 7th Ave at 53rd St
| **Tel** 212-484-1222
| www.nycvisit.com

Times Square Visitors Centert 타임스 스퀘어 관광 안내소 3l
여행 브로셔, 브로드웨이 공연 할인 쿠폰, 메트로카드가 구비되어 있고 인터넷 사용이 가능하다.
| **위치** 1560 Broadway
| Tel 212-869-1890

공항에 도착하기

뉴욕에는 3개의 공항이 있다. 택시로 45분에서 90분이면 맨해튼에 도착할 수 있다. 자동 안내 번호 Tel 800-AIR-RIDE.

존 에프 케네디
(John F Kennedy, JFK)
| **Tel** 718-244-4444 | www.panynj.gov
지하철로 시내까지 2시간 소요.

AirTrain JFK 에어트레인 JFK
맨해튼까지 직접 이어지는 열차로 지하철과 연결되어 있다. 배차 간격은 50분~70분이며 운임은 $7이다. | www.jfkairtrain.com

Bus 버스
뉴욕 리무진 서비스(the New York Airport Service), Tel 212-944-2391. 매일 6am-11pm 20분 간격으로 JFK에서 출발, 그랜드 센트럴 터미널(4J)과 포트 오소리티(Port Authority)(4J)에서 정차. 운임은 $10-15.

Cab 택시
노란색의 면허 택시로 시내까지 무조건 $35. 다리나 터널 통행료는 별도이다.

라가디아(LaGuardia)
| **Tel** 718-533-3400 | www.panynj.gov

M60 버스가 106th St까지 간다.

Bus 버스
뉴욕 리무진 서비스(the New York Airport Service), Tel 718-875-8200. 매일 6am-11pm에 20-30분 간격으로 출발, 펜 스테이션(Penn Station), 그랜드 센트럴 터미널(Grand Central), 포트 오소리티(Port Authority)에서 정차.

Cab 택시
라가디아 공항에서 맨해튼까지 $25 안팎.

횡단보도의 교통 표시판

주의할 점
짝수 번호인 도로에서는 모든 차들이 동쪽 방향으로 달리고(일방 통행), 홀수 번호인 도로에서는 모두 서쪽으로 달린다.

> **여행자 패스**
>
> 지하철역 자동 판매기, 신문 가판대와 편의점에서 살 수 있으며, 24시간 동안 지하철과 버스를 무제한으로 탈 수 있다.
> 24시간 이용 가능한 패스는 $4, 7일은 $17, 30일은 $63.

뉴어크(Newark)
| Tel 201-961-6000 | www.panynj.gov

Cab 택시
시내까지 $45.

AirTrain Newark 에어트레인 뉴어크
초고속 모노레일이 뉴어크 공항에서 미드 맨해튼의 펜 스테이션까지 연결한다. 20분 소요. 운임은 $11.55부터.
| Tel 800-772-3606
| www.airtrainnewark.com

공항으로 돌아가기
돌아갈 때는 고정 요금이 없다. JFK까지 콜택시 요금은 예약을 안 하면 $45까지 한다.

Sabra Car Service 사브라 카 서비스
| Tel 212-777-7171

Tel Aviv Car Service 텔 아비브 카 서비스
| Tel 212-777-7777

SuperShuttle Vans 수퍼셔틀 밴
24시간 이용 가능. 미드 맨해튼부터는 공항까지 $19.50이다. 수하물 코너의 서비스폰에서 전화하거나 하루 전에 예약할 것.
| Tel 212-258-3826
| www.supershuttle.com

몇 호선을 탈 수 있는지 적혀 있는 지하철역 입구

줄지어 서 있는 뉴욕의 택시

뉴욕 돌아보기

Subway 지하철
지하철을 이용하는 것이 가장 좋다. 24시간 내내 운행하며 칸마다 에어컨이 설치되어 있다. 어디를 가든 요금은 $2. 녹색 원은 지하철 역을 가리킨다(빨간 원은 주로 밤에는 역이 폐쇄될 수 있음을 가리킴). 표는 역 창구에서 살 수도 있고 $3에서 $96까지 하는 메트로카드를 이용해도 된다.
| Tel 718-330-1234 | www.mta.info

유니언 스퀘어로 가는 버스

Bus 버스

뉴욕의 버스는 교통 혼잡 시간대엔 느릴 수 있지만 실내가 쾌적해서, 지친 뉴요커들에겐 그야말로 신의 선물이다. 요금은 $2이며 남-북 방향의 버스와 동-서 방향의 버스를 갈아타는 환승 비용이 포함되어 있다. 메트로카드(이 카드가 있으면 버스에서 지하철로 갈아탈 수 있다)를 이용해도 된다.

Cab 택시

여럿이 탈 때는 택시가 좋다. 택시 지붕 위에 불이 켜져 있으면 영업 중인 택시다. 목적지를 교차 지점으로 얘기할 것(예를 들어, 5th Ave & 42nd St). 짧은 거리는 $1, 장거리는 요금의 15%를 팁으로 지불한다.

불편 신고 전화 & 분실물 문의 | Tel 212-692-8294

기차

Amtrak 암트랙

워싱턴, 보스턴, 그 외 미국 전역으로 가는 고속 열차가 있다.

| Tel 800-872-7245 | www.amtrak.com

Long Island Railroad 롱 아일랜드 레일로드

롱 아일랜드까지 가는 열차.

| Tel 718-217-5477

자동차 대여

Car Rental 카 렌탈

| 에이비스(Avis) Tel 212-593-8350
| www.avis.com
| 버짓(Budget) Tel 212-807-8700
| www.drivebudget.com

자전거 대여

Toga Bikes 토가 바이크스 2J

| 위치 110 W End Ave at W 65th St
| Tel 212-799-9625

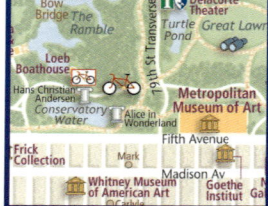

모든 버스에 설치된 장애인 편의시설

Loeb Boathouse Cycle Hire

로엡 보트하우스 자전거 대여 3K

| 위치 Central Park | Tel 212-517-2233

은행

은행 영업 시간은 월-금 9am-3pm이다. 뉴욕에 갈 때는 달러와 여행자 수표를 가지고 갈 것. 대부분의 레스토랑과 상점들이 이 외에도 신용카드를 받는다. 비자나 아메리칸 익스프레스 카드로 ATM에서 현금을 뽑을 수 있다.

거의 모든 신용카드를 사용할 수 있는 은행의 ATM

환전

Chequepoint USA 체크포인트 유에스에이 3J
| 위치 22 Central Park S bet 5th & 6th Aves | Tel 212-750-2400
| www.chequepointusa.visualnet.com

장애인 편의시설

버스는 모든 휠체어 사용자들이 이용할 수 있는 반면, 지하철은 몇몇 역에서만 휠체어 사용자를 고려한다. 택시는 접이식 휠체어 사용자를 반드시 태우도록 법으로 정해져 있다. 또한 1987년 이후 세워진 건물들은 모두 휠체어 출입이 자유롭다.

Hospital Audiences Inc.
| 위치 220 W 42nd St | Tel 212-575-7676
극장은 휠체어가 출입할 수 있도록 되어 있고 청각 장애인들을 위한 장치가 준비되어 있다.
Theater Development Fund.
| Tel 212-221-1103
Mayor's Office for People with Disabilities. | Tel 212-258-3750

응급 상황

블루 페이지 전화번호부에 응급실을 운영하는 병원 리스트가 나와 있다.

DOCS 닥스 4G
외래 진료소.
| 위치 55 E 34th St bet Madison & Park Aves | Tel 212-252-6000

Police, ambulance, and fire
경찰, 구급차, 화재
| Tel 911

Roosevelt Hospital 루즈벨트 병원 2J
| 위치 1000 10th Ave at 59th St
| Tel 212-523-6800

24시간 편의점

Rite Aid 라이트 에이드 2I
| 위치 303 W 50th St at 8th Ave(지점이 많이 있음) | Tel 212-247-8736
| www.riteaid.com

인터넷 카페

easyEverything Internet Cafe
이지에브리싱 인터넷 카페 2H
24시간 영업.
| 위치 W 42nd St bet 7th & 8th Aves
| Tel 212-398-0775

Internet Café 인터넷 카페 5E
재즈를 들으며 인터넷 사용이 가능하다.
| 위치 82 E 3rd St bet 1st & 2nd Aves
| Tel 212-614-0747

Kinko's 킹코스 3F
| 위치 24 E 12th St bet University Pl & 5th Ave | Tel 800-2-KINKOS | www.kinkos.com
| 분점 all over NYC Center

분실물 관리소

Buses and subways 버스와 지하철
| Tel 212-692-8294

Grand Central 그랜드 센트럴
| Tel 212-340-2555

JFK JFK
| Tel 718-244-4444

Taxis 택시
| Tel 212-221-8294

우편물

편지는 ¢37, 엽서는 ¢23이지만, 해외로 부치는 편지와 엽서는 ¢60-90이다. 우체국(월-금 9am-5pm, 토 9am-12pm)뿐 아니라 신문 판매대, 식품 판매점, 수퍼마켓에서도 우표를 살 수 있다.

공중전화

시내 통화는 ¢35. 다른 지역으로 전화하려면 '1+지역번호', 국제 전화는 '011+국가번호'를 누른다. 신용카드나 현금, 전화카드로 이용하며, 전화카드는 상점이나 가판대에서 살 수 있다.

Directory Assistance 전화번호 안내
411(뉴욕시)
1+지역번호+555 1212(뉴욕시 외의 지역)

Call Collect 콜렉트 콜
0 + 지역번호 + 전화번호

스케이트 & 롤러블레이드

고급 스케이터들을 위한 그룹 스케이트가 1년 매주 화요일 8pm, 120 W 72nd St bet Broadway & Columbus에서, 중급 스케이터들을 위한 클래스가 5월-10월 목요일 6.45pm에 Columbus Circle에서 열린다.

센트럴 파크의 관광 마차

자유의 여신상을 지나는 서클 라인 보트

Empire Skate Club of New York
엠파이어 스케이트 클럽 오브 뉴욕
화요일 밤에 고급 스케이터들을 위한 그룹 스케이트가 있고, 목요일 6.45pm의 센트럴 파크 콜럼버스 서클은 초급자들을 위한 것이다.
| Tel 212-774-1774
| www.empireskate.org

관광

Big Onion 빅 어니언
센트럴 파크와 브루클린 브리지를 따라 25곳의 소수 인종 거주지와 역사 구역을 둘러보자.
| Tel 212-439-1090 | www.bigonion.com

Central Park Bicycle Tours
센트럴 파크 자전거 투어 2J
2시간의 자전거 투어(무료 대여).
| **위치** 2 Columbus Circle at 59th St & Broadway | Tel 212-541-8759

Circle Line 서클 라인 1H
유람선 여행을 하거나 스피드보트로 30분만에 돌아올 수도 있다.
| **위치** Pier 83, 42nd St at 12th Ave | Tel 212-630-8885 | www.circleline.com

Gray Line of New York
그레이 라인 오브 뉴욕 2H
차이나타운의 9코스의 만찬을 포함한 투어 20가지.
| **위치** 777 8th Ave at 42nd St

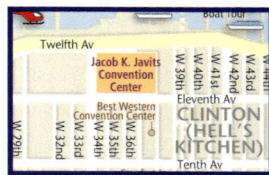

| Tel 212-445-0848
| www.newyorksightseeing.com

Liberty Helicopters 리버티 헬리콥터 1G
헬리콥터에서 초고층 건물들을 내려다보자.
| **위치** VIP Heliport W 30th St at 12th Ave
| Tel 212-967-6464
| www.libertyhelicopters.com

Harlem Spirituals 할렘 스피리추얼
재즈 클럽에서 흑인 음식을 먹으며 가스펠을 감상하는 투어.
| Tel 212-391-0900
| www.harlemspirituals.com

Manhattan Carriage Company
맨해튼 캐리지 컴퍼니 3J
말이 직접 끄는 마차를 타고 센트럴 파크 주위를 돌아보자.
| **위치** 200 Central Park S bet 7th Ave & 59th St | Tel 212-664-1149

달리는 2층 버스에서 바라보는 도시의 모습

Manhattan Passport 맨해튼 패스포트
뉴욕 경찰차를 타고 도시를 한 바퀴 돌고 헬리콥터로 제2차 세계대전 때의 항공 모함에 착륙하는 투어. | Tel 212-861-2746

New York Double Decker Bus Tours 뉴욕 더블 데커 버스 투어
빨간색 2층 버스로 뉴욕 시내를 관광해 보자. 타임스 스퀘어, 록펠러 센터, 센트럴 파크 엠파이어 스테이트 빌딩에서 출발하며, 티켓은 버스 안에서 직접 구입. | Tel 718-877-5788 | www.nydecker.com

센트럴 파크에서 자전거를 타는 뉴요커

여행자 수첩

뉴욕에 처음 온 사람뿐 아니라 뉴요커들에게도, **뉴욕 인사이드아웃 여행자 수첩**은 뉴욕이라는 공간을 가장 잘 활용하는 데 큰 도움이 될 것이다. 전시회 안내, 연중행사부터 적절한 호텔을 찾는 방법, 그리고 앞 부분에 소개되지 않은 박물관, 갤러리, 공원, 교회, 시장에 대한 설명까지 모두 담고 있다. 또한 진짜 뉴요커처럼 링고(lingo, 귀에 익지 않은 개인 특유의 말버릇)를 말하는 법, 뉴욕시 인근 정보, 아이들을 데리고 갈 만한 장소에 대한 아이디어를 제공한다.

기호 표시

호텔
- 룸서비스
- 식당
- 주류 바
- 욕실
- @ 비즈니스 센터
- 헬스 클럽
- ✳ 에어컨
- P 주차

공원
- 화장실
- 장애인
- 휴식공간
- 무료입장
- 가이드 관광

숙소

뉴욕에는 최고층의 펜트하우스에서부터 저렴한 가격의 침실까지 7만 개 이상의 호텔방이 있다. 조용한 곳을 원한다면 어퍼 이스트 사이드, 이스트 미드타운, 그러나 파크(Gramercy Park)에서 선택하라. 최신 유행 스타일의 호텔은 웨스트 미드타운, 소호, 첼시 구역에 많이 있다.

최고급 호텔

Hotel Carlyle $$$$ 4L

유명한 카페 칼라일(Carlyle)과 터키식 다실, 베멜먼스 바(Bemelmans' Bar)가 있는 아르데코 양식의 고층 건물.
| **위치** 35 E 76th St bet Madison & Park Aves | **Tel** 212-744-1600

가격 표시

$ = 저예산 호텔($180 이하)
$$ = 중급 호텔($180-300)
$$$ = 고급 호텔($300-480)
$$$$ = 최고급 호텔($480 이상)

Four Seasons $$$$ 4J

맨해튼에서 가장 비싼 호텔. 웅장한 포스트 모더니즘 실내 장식의 52층 빌딩이다.
| **위치** 57 E 57th St bet Park & Madison Aves | **Tel** 212-758-5700

The Pierre $$$$ 3J

호화로운 아르데코 양식의 빌딩으로 센트럴 파크 전경이 보인다.
| **위치** 2 E 61st St at 5th Ave
| **Tel** 212-838-8000

The Plaza $$$$ 3J

5th Ave와 센트럴 파크의 코너에 위치한 하얀 성. 최신식 스파가 있다.
| **위치** 768 5th Ave at 59th St
| **Tel** 212-759-3000

Trump International Hotel and Tower $$$$ 2J

바닥부터 천장까지 하나의 대형 유리로 된 전망창을 가지고 있는 호텔. 일류 요리사 조르주(Jean Georges)의 레스토랑이 있다.
| **위치** 1 Central Park West at Columbus Circle | **Tel** 212-299-1000

> ### 추가 비용
> 모든 호텔이 오큐펀시 택스(occupancy tax) $2 외에 총 비용의 13.25%를 택스로 청구한다. 안내인과 벨보이에게도 $1 정도의 팁을 주어야 한다.

Waldorf-Astoria $$$$ 4I

스위스 아르데코 양식의 넓은 로비, 발도르프 시계, 거대한 14만 8,000피스의 모자이크로 잘 알려진 고급 호텔. 레스토랑과 피트니스 센터가 있다.
| **위치** 301 Park Ave at 50th St
| **Tel** 212-355-3000

밸류 호텔(가격 대비 만족도가 큼)

Chelsea Hotel $ 2F

보헤미안들의 아지트로 유명한 곳. 에어컨과 욕실이 있는 방을 구할 것.
| **위치** 222 W 23rd St bet 7th & 8th Aves
| **Tel** 212-243-3700

Excelsior Hotel $$ 2L

차분하고 점잖은 분위기의 호텔.
| **위치** 45 W 81st St bet Columbus Ave & Central Park W | **Tel** 212-362-9200

The Fitzpatrick Hotels $$$ 4J/4H

2개의 아일랜드 호텔로, 각 건물마다 친절한 스태프들이 상주하고 있다.
| **위치** 687 Lexington Ave bet 56th & 57th Sts / 141 E 44th St bet Lexington & 3rd Aves | **Tel** 212-355-0100

Gramercy Park Hotel $$ 4F

유럽인들이 주로 이용한다. 유행과는 거리가 먼 낡은 호텔.
| **위치** 2 Lexington Ave at 21st St
| **Tel** 212-475-4320

Hotel Elysée $$$ 4I

무료 와인과 저녁 뷔페가 제공되는 클럽 룸이 있다. 우아하고 고상한 분위기.
| **위치** 60 E 54th St bet Madison & Park Aves | **Tel** 212-753-1066

The Mark $$$ 3L

어퍼 이스트 사이드에 자리잡은 호텔. 방이 넓고 스타일리시하다.
| **위치** 25 E 77th St near Madison Ave
| **Tel** 212-744-4300

최신식 호텔

Bryant Park $$$$ 3H
금빛 하이라이트가 있는 검은 빌딩. 지배인이 24시간 대기하고 있으며 지하에 바, 꼭대기층에 레스토랑이 있다.
| **위치** 40 W 40th St bet 5th & 6th Aves
| **Tel** 212-642-2200

Dylan $$$ 3H
세련된 현대식 가구가 갖춰져 있는 보자르(Beaux Arts) 양식의 건물.
| **위치** 52 E 41st St bet Madison & Park Aves | **Tel** 212-338-0500

Hudson $ 2J
디자이너 이안 슈래거(Ian Schrager)의 4번째 뉴욕 라이프 스타일의 호텔로 1,000개의 방이 있다.
| **위치** 356 W 58th St bet 8th & 9th Aves
| **Tel** 212-554-6000

Mercer $$$ 4D
빨간 벽돌 건물로 이전에 대형 창고로 쓰이던 곳이다. 75개의 다락방 스타일의 방이 심플하게 꾸며져 있다.
| **위치** 147 Mercer St at Prince St
| **Tel** 212-966-6060

60Thompson $$$ 3D
소호 중심부에 위치한 호텔. 100개의 멋진 방과 꼭대기 층의 가든 바가 있다.
| **위치** 60 Thompson St bet Spring & Broome Sts | **Tel** 212-431-0400

SoHo Grand $$$ 3D
산업 디자이너가 디자인한 로비, 우아한 칵테일 바가 있는 세련된 호텔.
| **위치** 310 W Broadway near Broome St
| **Tel** 212-965-3000

W Union Square $$$ 4E
270개의 방과 16개의 스위트룸, 스파, 피트니스 센터가 있다.
| **위치** 201 Park Ave S at 17th St & 3 other midtown locations
| **Tel** 212-253-9119

비즈니스 호텔

The Inn at Irving Place $$$ 4F
벽난로와 캐노피 침대가 있는 아름다운 방. 타운하우스 호텔이다.
| **위치** 56 Irving Pl bet 17th & 18th Sts
| **Tel** 212-533-4600

The Lowell $$$ 4J
맨해튼에서 가장 큰 타운하우스 호텔 가운데 하나. 차분하면서도 화려하다. 피트니스 센터가 있고 몇몇 방에는 벽난로가 갖춰져 있다.
| **위치** 2 E 63rd St bet Madison & Park Aves | **Tel** 212-838-1400

The Mansfield $$ 3I
1920년대식 스위트룸, 호화롭게 조각된 유리와 프랑스식 문, 우아한 대기실이 특징이다.
| **위치** 12 W 44th St near 5th Ave
| **Tel** 212-944-6050

The Muse $$ 3I
시어터 구역(Theater District)의 보석 제조 공장을 개조하여 만든 호텔. 온갖 편의시설이 모두 갖춰져 있다.
| **위치** 130 W 46th St bet 6th & 7th Aves
| **Tel** 212-485-2400

저예산 호텔

Herald Square Hotel $ 3G
🍸 🛏 ❄
천사 장식이 있는 보자르 양식의 빌딩.
| **위치** 19 W 31st St | **Tel** 212-279-4017

Gershwin $ 4G
하룻밤에 $40부터 가능한(주로 학생을 상대로 하는) 숙박 시설.
| **위치** 7 E 27th St near 3rd Ave
| **Tel** 212-545-8000

Larchmont $ 3E
🛏 ❄
방은 작고 수수하지만 매우 만족스런 호텔.
| **위치** 27 W 11th St bet 5th & 6th Aves
| **Tel** 212-989-9333

Off SoHo Suites Hotel $ 4D
🛏 ❄
공동숙박이 가능하며 방에는 욕실과 주방이 딸려 있다.
| **위치** 11 Rivington St bet Bowery & Christie St | **Tel** 212-979-9808

Pickwick Arms $ 4I
🍴 🛏 ❄
욕실이 딸린 조용한 방. 제일 위층에 레스토랑이 있다.
| **위치** 230 E 51st St bet 2nd & 3rd Aves

예약 대행사
대행사를 통해 예약하면 호텔 요금을 25%까지 절약할 수 있다.
어커머데이션스 익스프레스(Accommodations Express) | **Tel** 609-525-0800
| www.accommodationsxpress.com
퀵북(Quikbook) | **Tel** 800-789-9887
| www.quikbook.com
호텔 레저베이션스 네트워크(Hotel Reservations Network) | **Tel** 214-361-7311
| www.hoteldiscount.com

| **Tel** 212-355-0300

Wolcott $ 3G
🍸 🛏 @ ❄
믿을 만한 곳. 가먼트 구역(Garment District)의 번화가에 자리잡고 있다.
| **위치** 4 W 31st St bet 5th Ave & Broadway | **Tel** 212-268-2900

박물관

뉴욕시에는 예술품 컬렉션부터 현대 디자인, 소방차, 회전 목마까지, 모든 사람과 모든 분위기를 만족시키는 박물관들이 있다. 주요 박물관에 대한 정보는 p.2-13의 '볼거리 참조.

American Museum of the Moving Image(MOMI)
처음엔 패러마운트(Paramount) 소유의 영화 스튜디오였던 곳으로 지금은 영화, TV, 디지털 비디오의 성지와도 같은 곳이다. 무료 상영.
| **위치** 35th Ave at 36th St, Queens
| **Tel** 718-784-0077 | www.ammi.org

American Museum of Natural History 2L
🍴 🛏 ♿ ♿
(p.4 참조)

Brooklyn Museum of Art
🍴 ♿ 🛏
뉴욕에서 2번째로 큰 예술품 박물관으로 이집트부터 현대 작품까지 놓칠 수 없는 컬렉션이 전시되어 있다. 1,500만 점이 영구 전시되고 있다.
| **위치** 200 Eastern Parkway at Washington Ave | **Tel** 718-638-5000

Coney Island Museum
코니 아일랜드 놀이공원의 전성기를 되돌아 보게 하는 공예품과 각종 기념물 전시.
| **위치** 1208 Surf Ave at W 12th St, Brooklyn | **Tel** 718-372-5159

directory

Cooper-Hewitt Design Museum 3M
🚻 ♿
과거와 현대 디자인의 귀중한 발견품들이 전시되어 있다. 이 건물은 자선가 앤드류 카네기(Andrew Carnegie)가 살던 집이다.
| **위치** 91st St at 5th Ave
| **Tel** 212-849-8400

Dia: Chelsea 1F
🚻 ♿
최고의 설치물을 선보인다. 꼭대기에서 보이는 전망이 장관이다. 업스테이트 뉴욕의 **디아 비컨(Dia: Beacon)**은 대형 설치물을 전시한다.
| **위치** 548 W 22nd St bet 10th & 11th Aves | **Tel** 212-989-5566
| www.diacenter.org

Edgar Allen Poe Cottage
🚻
근대 추리소설의 왕인 에드거 앨런 포가 마지막으로 살았던 집(1846-1849).
| **위치** Kingsbridge Rd & Grand Concourse, Bronx | **Tel** 718-881-8900

Guggenheim Museum 3M
🚻 📷 ♿
(p.8 참조)

The Frick Collection 3K
🚻 📷 ♿
(p.7 참조)

Int'l Center of Photography 3H
🚻
현대 사진 작품과 아방가르드 작품 전시.
| **위치** 1133 6th Ave at 43rd St
| **Tel** 212-860-1777 | www.icp.org

Intrepid Sea-Air-Space Museum 1I
🚻 📷 📷 ♿
(p.8 참조)

Isamu Noguchi Garden Museum
🚻 📷
LA 태생의 조각가 이사무 노구치를 기리는 갤러리와 정원이 있다. 도시에서 벗어나 아름답고 평화로운 분위기에 한번 취해 보자.
| **위치** 32-37 Vernon Blvd, Queens
| **Tel** 718-721-1932
| www.noguchi.org

The Jewish Museum 3M
🚻 📷
유대인의 예술과 문화를 엿볼 수 있다. 상설/기획전시 외에 매년 영화 페스티벌이 열린다.
| **위치** 1109 5th Ave at 92nd St
| **Tel** 212-423-3200
| www.thejewishmuseum.org

Liberty Science Center
🚻 📷 ♿
IMAX 극장이 있다.
| **위치** Liberty State Park, New Jersey
| **Tel** 201-200-1000

Metropolitan Museum of Art 3L
🚻 📷 📷 ♿
(p.9 참조)

Morgan Library 4H
🚻 📷 📷 ♿
희귀 원고, 책, 음악 등이 화려하게 전시되어 있다.
| **위치** 29 E 36th St at Madison Ave | **Tel** 212-685-0610 | www.morganlibrary.org

El Museo del Barrio 3O
🚻
푸에르토리코, 라틴 아메리카, 카리브해의 문화를 보여준다.
| **위치** 1230 5th Ave at 104th St | **Tel** 212-831-7272 | www.elmuseo.org

Museum of American Financial History 4A
🚻 📷 ♿
자본 시장의 중심을 감상하고 금융변천사에 대해서도 알아보자.
| **관람시간** 화-토 | **위치** 28 Broadway

| Tel 212-908-4519
| www.financialhistory.org

Museum of Arts & Design 3I

20세기의 예술과 공예를 선보인다.
| **위치** 40 W 53rd St bet 5th & 6th Aves
| Tel 212-956-3535

Museum of TV and Radio 3I

TV, 라디오 방영분 10만 편을 모아둔 곳.
| **위치** 25 W 52nd St bet 5th & 6th Aves
| Tel 212-621-6600 | www.mtr.org

National Museum of the American Indian 4A

세계 최대의 인디언 문화 컬렉션.
| **위치** 1 Bowling Green at State St
| Tel 212-514-3700

New York City Fire Museum 3D

예약 투어가 가능하다.
| **위치** 278 Spring St bet Varick & Hudson Sts | Tel 212-691-1303

New York City Police Museum 4A

위조 화폐, 탄도탄, 조직 범죄 전시.
| **위치** 100 Old Slip | Tel 212-480-3100
| www.nycpolicemuseum.org

New York Hall of Science

직접 만질 수 있는 200점의 전시물, 2,700m²의 과학 놀이터가 있다.
| **위치** 47-01 111th St at 48th Ave, Queens
| Tel 718-699-0005

North Wind Undersea Museum

각종 수공품과 심해 다이빙 장비를 주로 전시한다.
| **위치** 610 City Island Ave, Bron
| Tel 718-885-0701

chomburg Center 3P

흑인 문화 전시.
| **위치** 515 Lenox Ave at 135th St
| Tel 212-491-2200

Skyscraper Museum 3A

고층 건물의 역사를 보여준다.
| **위치** 110 Maiden Lane at Water St
| Tel 212-968-1961
| www.skyscraper.org

Statue of Liberty & Ellis Island Immigration Museum 1A

(p.4 참조)

Whitney Museum of American Art 4K

전형적인 미국 미술을 보여준다.
| **위치** 945 Madison Ave
| Tel 212-570-3676 | www.whitney.org

공원

상세한 설명을 찾아보려면 p.2-13의 '볼거리', p.42-49의 '알거리' 참조.

Central Park 3J-3O

(p.5 참조)

Hudson River Park 3C-1H

해안가를 개조하는 거대한 프로젝트가 현재 진행 중이다. 배터리 파크(Battery Park)부터 59th St까지 8km에 걸쳐 뻗어 있는 이 새로운 공원으로 허드슨 강의 부두와 해안가는 더욱 활기를 띠게 되었다. 녹색과 푸른색이 어우러진 강물과 보트, 롤러블레이드와 자전거길, 카누와 카약(kayak), 운동장, 일광욕장소, 잔디, 다양한 녹색 식물들이 아름다운 광경을 이룬다.

Washington Square 3E
웨스트 빌리지의 중심으로 근처에 음악가, 무용가, 예술가, 체스 플레이어들이 산다.

Tompkins Square Park 5E
이스트 빌리지의 대표적인 공공 광장이며 최고의 인근 공원. 멋진 경치를 찾는 사람들과 히피족, 와스프(WASP, White Anglo-Saxon Protestant), 와인 애호가들이 즐겨 찾는다.

Carl Schurz Park 5L
이스트 리버가 내려다보인다. 1799년 지어졌으며 1933년 라가디아 시장이 살았던 이래 뉴욕 시장의 관사가 된 그라시 맨션(Gracie Mansion)이 이곳에 있다.

Riverside Park 1L-1P
어퍼 웨스트 사이드의 가장 폐쇄적인 이문화 집단의 거주지 중 하나이다. 샤갈(Chagall), 러니언(Runyon), 윌리엄 랜돌프 허스트(William Randolph Hearst), 거쉰(Gershwin)이 살았던 저택이 주위를 둘러싸고 있다.

시장

뉴욕에서의 더 자세한 쇼핑 정보가 필요하면 p.14-21의 '살거리' 참조.

Annex Antiques Fair & Market 3G
(p.20 참조)

Antique Flea & Farmers' Market 5K
작지만 아주 알차다.
| 위치 PS183, 67th St bet 1st & York Aves
| 개장 토6am-6pm

IS44 2M
300종류 이상의 잡다한 물건들이 있다.
| 위치 Columbus Ave bet 76th & 77th Sts
| 개장 일 10am-6pm

SoHo Antique Fair 4D
작은 골동품과 수집 아이템들이 있다.
| 위치 Grand St at Broadway
| 개장 일 9am-5pm

Union Square Greenmarket 4F
(p.20 참조)

아이들과 함께 가기 좋은 곳

아이들에게도 뉴욕 관광은 대단히 즐거운 시간이다. 고층 건물 높이 올라가보거나 동물원(p.5 참조), 인트레피드 해양항공우주박물관(p.8 참조) 등에 가보자.

Children's Museum of Manhattan 1L
전시물을 손으로 만져볼 수 있으며 아이들이 TV 쇼를 직접 편집해 볼 수 있다.
| 위치 212 W 83rd St bet Broadway & Amsterdam Ave | Tel 212-721-1234

New Amsterdam Theater 2H
디즈니의 히트 뮤지컬 (라이온 킹) 공연.
| 위치 214 W 42nd St bet 7th & 8th Aves
| Tel 212-307-4100

지역

뉴욕시의 거주 지역. 더 자세한 설명은 p.2-13의 '볼거리', p.14-21의 '살거리' 참조.

Wall St & Battery Park 3A-4A
맨해튼의 재정 중심지. 그라운드 제로, 뉴욕 증권 거래소, 페더럴 홀(Federal Hall)이 여기에 위치하고 있다.

Civic Center 4B
하우징 시티 홀(현재는 일반인에게 개방되지 않음), 카스 길버트의 울워스 빌딩(Woolworth Building, 1913), 뮤니서펄 빌딩(Municipal Building, 뉴요커들의 결혼식이 열리는 곳), 법원, 브루클린 브리지로 들어가는 보행자 도로.

TriBeCa 3C
Canal St 아래 삼각지대를 가리키며, 멋진 아파트, 우아한 바, 로버트 드 니로의 노부(Nobu, p.40 참조)와 같이 유명인의 단골 레스토랑으로 채워져 있다.

Chinatown 4C
(p.5, 17 참조)

DUMBO 6B
화가, 음악인들의 거주지.

Little Italy 4D
19세기 이탈리아 커뮤니티의 중심지.

SoHo 3D
(p.12, 16 참조)

Greenwich Village 3E
(p.8 참조)

Lower East Side 6D
(p.9 참조)

East Village 5E
맨해튼 히피족의 중심지이자 비트 제너레이션(beat generation, 기성의 도덕, 질서, 정신에서 벗어나 인간 본래 그대로의 모습을 그림) 시인들, 펑크 록, 1980년대 뉴웨이브 아티스트들의 출발점이다. 현재는 고급화되어 수많은 뉴웨이브, 얼터너티브 디자이너들의 부티크와 레스토랑, 바, 카페 등이 자리잡고 있다.(p.17 참조)

Flatiron District 3F
근사한 숍들과 백화점 때문에 '숙녀의 거리'('Ladies' Mile')로 알려져 있다. 14th St부터 23rd St의 플래티어런 빌딩(Flatiron Building)까지 이어진 브로드웨이는 ABC, 엠포리오 아르마니(Emporio Armani), 폴 스미스와 같은 고급 상점들이 들어서면서 더욱 활기를 띠게 되었다. 중심부에 있는 유니언 스퀘어에는 많은 중요한 기념물들이 있다.

Chelsea & Meatpacking District 1F-2G
게이, 레즈비언들이 모여들고 최고 수준의 미술관(디아 아트 센터(Dia Art Center), p.54 참조)과 레스토랑, 백화점, 고급 부티크, 댄스 클럽, 그리고 27th St & 6th Ave에 꽃시장이 들어서면서 점점 인구가 증가하고 있다.(p.17 참조).

Midtown 3H
뉴욕의 정수이다. 떠들썩함, 화려함, 들뜨고 흥분된 분위기. 세계 최대의 백화점들과 엠파이어 스테이트 빌딩, 크라이슬러 빌딩(p.6 참조) 등 아름다운 빌딩들이 자리잡고 있다.

Time Square & Theater District 2H-2I
(p.4, 30 참조)

Central Park 3J-3O
(p.6 참조)

Uper East Side & Museum Mile 3K-4L
〈애니 홀(Annie Hall)〉과 〈라디오 데이즈(Radio Days)〉와 같은 영화로 유명한 우디 알렌이 사는 곳으로, 맨해튼의 최고급 주거지이다. 박물관 관장, 갤러리 관장, 의사들, 치과의사들의 저택이 몰려 있다.

Uper West Side 1L
바브라 스트라이샌드(Barbra Streisand)를 비롯하여 맨해튼의 유명 인사들이 거주하는 곳으로 링컨 센터, 뉴욕 필하모닉, 메트로폴리탄 오페라 하우스 같은 공연장이 여기에 위치하고 있다. 그 옆에 나란히 미국 자연사 박물관과 센트럴 파크 웨스트의 아르데코 양식 아파트가 있다.

Morningside Heights and SoHa 1O
할렘, 세인트 존 디바인 성당(Cathedral of St John the Divine)의 남쪽에 있는 주거 지역으로 2001년 10월 화재로 일부가 소실되었다.

directory

Harlem and El Barrio 2P
흑인들의 거주지로 아름다운 소도시이다. 풍부한 문화 유산과 가스펠 교회, 코튼 클럽, 아폴로(p.30 참조)와 같은 주요 건물들로 점차 고급화되어 가고 있다.

Washington Heights
임대료가 낮은 아파트 빌딩, 공원, 혁명 이전의 역사적 건물들, 그리고 메트로폴리탄의 화려한 중세 예술품 박물관인 클로이스터즈(p.5 참조)가 있다.

연중행사

1월
- 윈터 앤티크 쇼(Winter Antiques Show), Park Ave & 67th St
- 차이니스 뉴 이어(Chinese New Year) : 차이나타운까지 퍼레이드가 펼쳐진다.

2월
- 흑인 역사의 달(1달 내내)
- 엠파이어 스테이트 빌딩 오르기 : 참가자들은 12분 안에 86층까지 올라간다.
- 세일(1달 내내)

3월
- 뉴욕 플라워 쇼(New York Flower Show),(1달 내내) pier 92
- 휘트니 바이에니얼(Whitney Biennial), 미국 현대 미술 전시(1달 내내-홀수 해만 개최)
- 성 패트릭 데이 퍼레이드(St. Patrick's Day Parade up 5th Ave)(3월 17일)
- 그리스 독립기념일 퍼레이드(Greek Independence Day Parade) (3월 25일)

4월
- 부활절 퍼레이드, 5th Ave
- 뉴욕 오토 쇼(New York Auto Show) (4월 중순) | www.nyauto.com
- 윌리엄스버그 아트 & 문화 축제 : 공개 스튜디오(4월 중순)
- 뉴욕 고서적 박람회(New York Antiquarian book Fair)(4월 중순) Park Ave & 67th Sts

5월
- You Gotta Have Park : 무료 공원 이벤트(1달 내내)
- 브루클린 브리지 데이 & 어머니날(Brooklyn Bridge Day & Mother's Day)(둘째 일요일)
- 우크라이나 축제(Ukrainian Festival)(5월 중순), East 7th St bet 2nd & 3rd Aves
- 9번가 음식 페스티벌(5월 중순) : 9th Ave bet 34th & 57th Sts
- 미모리얼 데이(Memorial Day, 전몰 장병 기념일-옮긴이)(마지막 월요일) : 해수욕장이 문을 연다.

6월
- 메트로폴리탄 오페라 파크 콘서트 : 공원에서 열리는 무료 음악회(한 달 내내) | Tel 212-363-6000
- 푸에르토리코의 날 퍼레이드 (둘째 일요일)
- 뮤지엄 마일 페스티벌(Museum Mile Festival) : 무료 입장(둘째 화요일) | www.museummile.org
- 리버티 챌린지(Liberty Challenge) (3번째 주말) 카누 경기.

| Tel 212-580-0442

늦은 6월

- **레즈비언 앤 게이 프라이드 마치(Lesbian and Gay Pride March)** (6월 21일이 지난 첫째 토요일) 1968년의 폭동을 기념함.

- **코니 아일랜드 인어 퍼레이드(Coney Island Mermaid Parade)**
  | Tel 718-372-5159
  | www.coneyisland.com

6월-8월

- **센트럴 파크 섬머 스테이지** : 공원에서 열리는 무료 음악회 (1달 내내)

- **브라이언트 파크 필름 시즌(Bryant Park Film Season)** : 고전 영화, 재즈, 댄스.
  | www.bryantpark.org

6월-9월

- **뉴욕 셰익스피어 페스티벌** : 센트럴 파크에서 열리는 셰익스피어 연극 무료 공연 (p.5 참조) | Tel 212-538-8750
  | www.publictheater.org

7월

- **독립 기념일(Independence Day)** (7월 4일) 불꽃놀이가 도시 전체를 덮는다.

- **워싱턴 스퀘어 뮤직 페스티벌** (6월 21일이 지난 첫째 토요일)

8월

- **할렘 주간** : 일주일간의 퍼레이드, 전시회, 음악, 미술, 요리, 스포츠 행사로 할렘은 축제 분위기에 젖는다.

- **US 오픈 골프 토너먼트(US Open Golf Tournament)** (8월 말-9월)
  | Tel 718-760-6200

9월

- **Wigstock(노동절 주말)**. 뉴욕에서 가장 흥미로운 행사 중 하나. 가발을 쓴 드래그 퀸(drag queen, 여장한 남자배우)이 립싱크를 한다.
  | **위치** pier 54, West St bet 12th & 13th Sts | Tel 212-439-5139

- **페스타 산 제나로(Festa San Gennaro)** (셋째 주). 리틀 이탈리아에서 열리는 10일간의 인생, 요리, 와인 축제로 나폴리의 수호 성인을 기리기 위함.

- **뉴욕 필름 페스티벌(New York Film Festival)** (9월 말-10월 초) 국제 예술 영화 상영. 링컨 센터(p.24 참조)
  | Tel 212-875-5610 | www.filmlinc.com

- **애틀랜틱 앤틱(Atlantic Antic)** (마지막 일요일) 브루클린의 문화 축제

10월

- **콜럼버스 데이(Columbus Day)** (둘째 월요일) 5th Ave까지 긴 퍼레이드가 펼쳐짐.

- **DUMBO(p.57 참조) 아트 페스티벌** (10월 중순). 예술, 패션, 음악의 축제.
  | www.dumboartscenter.org

- **할로윈 퍼레이드** (10월 31일) 그리니치 빌리지까지 이어지는 무시무시한 행진.

> **인플레이션 이브**
> 메이시스의 추수 감사절 퍼레이드가 열리기 전날 밤이 되면, 뉴요커들은 77th와 81st St 사이의 블록으로 모여든다.
> 센트럴 파크 웨스트와 Columbus Avenue에서 이 초현실적인 '해프닝'이 열리는데, 거인 크기의 도널드 덕과 미니 마우스, 그리고 헬륨으로 부풀린 여러 가지 다양한 만화 캐릭터들이 거리를 누빈다. 비현실적인 공연과 캐릭터들로 환상적인 밤이 연출되므로, 시간이 된다면 놓치지 말고 즐겨보도록 하자.

11월

- **뉴욕 마라톤**(첫째 일요일) 스태튼 아일랜드에서 출발. 뉴욕주의 5개 자치구가 모두 포함된다.

- **메이시 퍼레이드(Macy's Parade)**(추수감사절) 3,700만 사람들이 TV로 시청함.

- **호두까기 인형(The Nutcracker)**(p.27 참조). 링컨 센터
로케츠 크리스마스 스펙태큘러('Rockettes' Christmas Spectacular') - Radio City(p.12 참조). 추수감사절-1월 초.

12월

- **록펠러 광장의 전광 장식**
(첫째 주) 약 8km를 불빛으로 장식한 크리스마스 트리

- **메시아 싱 인(Messish Sing-In)**, 링컨센터(p.24 참조). 12월 중순. 매년 21명의 지휘자와 3,000명의 참가자가 동원됨.

- **새해 전야(New Year's Eve)**
12월 31일. 라인석으로 덮인 공이 타임스 타워에서 타임스 스퀘어로 떨어지는 모습을 지켜보도록.

새로운 전시회

p.2-13의 '볼거리'에 수록된 주요 전시를 찾아보자.

Brooklyn Museum of Art
| www.brooklynart.org

Visible Storage: Study Center
퍼머넌트 컬렉션에서 뽑은 회화작품들 전시

Living Legacies : The Arts of the Americas
아메리카 대륙 고유의 예술 작품

About Time: 700 Years of European Painting
가를란다요(Ghirlandaio)부터 피카소까지 박물관의 유럽 명화들을 전시

Tree of Paradise: Jewish Mosaics from the Roman Empire
후기 로마 제국에 나타난 유대교 회당 장식의 발전에서 21개의 로마 시대 모자이크의 역할을 관찰함.

The Frick Collection 3K
| www.frick.org (p.6 참조)

Goya's Last Works
말년에 함께 지낸 친구, 가족의 초상화를 포함한 고야의 작품 50여 점

Jean-Etienne Liotard(1702-1789) : Masterpieces from Genevan Collections
오일, 에나멜, 파스텔 구아슈. 분필, 물감을 포함한 다양한 방법으로 그려진 초상화

MoMA 3K
| www.moma.org (p.12 참조)

Take Two. Worlds and Views : Contemporary Art from the Collection
비디오, 오디오, 사진, 회화, 종이 작품, 커다란 설치물

On Site : New Architecture in Spain
36개의 주요한 건축학적 프로젝트를 선보임.

Dada : Zurich, Berlin, Hannover, Cologne, New York, Paris
미국 최초로 다다(Dada, 문학, 미술 상의 허무주의)를 집중적으로 규명한 박물관 전시회

Morgan Library 3I
| www.morganlibrary.org
증축 공사 중으로 2006년 봄에 재개관한다.

Whitney Museum of American Art 4K
| www.whitney.org

Oscar Bluemner : A Passion for Color
에드워드 하퍼와 같은 20세기 초 미국 미술계 주요 인물들 사이에서 오스카 블루머(Oscar Bluemner)의 위치를 재평가하는 자리

Standard Gauge: Film Works by Morgan Fisher, 1968-2003
설치물의 색의 균형(Color Balance)과 피셔의 필름 8가지를 포함한다.

Andrea Zittel: Wagon Stations
지텔은 진화하는 육체를 생존을 위한 다른 시스템으로 구성하는 실험적인 생활 구조를 만들었다.

문화 정보지

음식과 영화, 또는 뉴욕에서의 밤을 제대로 즐기려면 어디로 가야 할지를 알아야 한다.
《타임 아웃 뉴욕*Time Out New York*》: 주간 엔터테인먼트 목록이 자세히 다뤄진다.
《빌리지 보이스*Village Voice*》: 무가 주간지.
《자갓*Zagat*》: 믿을 만한 레스토랑 가이드 & 리스트

신문

세계의 주요 뉴스, 사건들에 귀를 열고 있자.
《데일리 뉴스*Daily News*》: 흥미진진한 헤드라인, 범죄 사건, 가십, 스포츠 뉴스 등.
《뉴욕 타임스*New York Times*》: 엔터테인먼트 리스트뿐 아니라 예술, 레스토랑 리뷰 등 포괄적인 정보를 다룬다.

읽을거리

『The Ultra Cool Parents' Guide to All of New York』, 알프레드 잔골드 & 헬렌 로건

『뉴욕 시티 포우크로르*New York City Folklore*』, B. A. 보트킨: 흥미로운 일화들 소개.

『파워 브로커*The Power Broker*』, 로버트 카로 : 뉴욕 도시계획의 주역 로버트 모지스(Robert Moses)의 전기

『언더 더 시티 스트리트*Under the City Streets*』, 파멜라 존스

『뉴욕, 흥분의 도가니*Delirious New York*』, 렘 쿨하스

『호밀밭의 파수꾼*The Catcher in the Rye*』, J. D. 샐린저

웹사이트

www.angelfire.com/home/iNetwork/NYC/nyc.html
뉴욕 고층 빌딩들의 흥미로운 역사.

www.columbia.edu/hauben/nycguides
뉴욕시 안내 웹사이트 목록.

www.earthcam.com/usa/newyork/timessquare
브로드웨이 & 45th St에서 보내지는 타임스 스퀘어 생중계.

www.nytheatre.com
극장 리스트. 브로드웨이와 오프 브로드웨이의 티켓 예약 가능.

note it

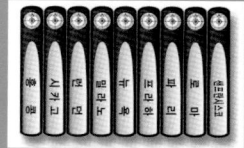

전세계 여행자의 필수품,
인사이드아웃 시리즈(총24권)

베를린	보스턴
시카고	두바이
홍콩	런던
라스베이거스	로스앤젤레스
밀라노	뉴욕
파리	프라하
로마	싱가포르
샌프란시스코	토론토
베니스	워싱턴
시드니	

곧 출간됩니다!

베이징	상하이
서울	도쿄
교토	

ㄱ

가정용품 20
경마 33
공항 44-45
관광 49
관광 안내소 44
구겐하임 박물관 3M 8
그랜드 센트럴 터미널 7
그리니치 빌리지 3E 8
극장 30-32
기차 46

ㄴ

놀리타 3D 16
농구 33
뉴욕 현대미술관 3J 12

ㄷ

다과 41
다카시마야 3I 19
당구 32
델리 18, 37
디자이너 상품 할인매장 19-20
딜런스 캔디 스토어 4I 18

ㄹ

라디오 시티 3I 12
라운지 바 25
랜드마크 선샤인 시네마 4D 24
레스토랑 36-41
로우스 아이맥스 2K 24
로우어 이스트 사이드 6D 17
록 음악 공연장 27-28
록펠러 센터 3I 12
롤러블레이드 대여 48
링컨 센터 2K 24-25

ㅁ

마차 관광 49
매디슨 애버뉴 3F-3P 16
메이시스 3H 19
메트로폴리탄 미술관 3L 8
무용 공연 26-27
미국 자연사 박물관 4
미식 축구 33
미트패킹 구역 2F 17

ㅂ

바 39
바니스 3I 18
백화점 18-19
버스 여행 49
버스 44
베이글 38
보트 투어(서클 라인) 49
볼링 32-33
분실물 관리소 47
브런치 38
브로드웨이 2H 4
브루클린 브리지 5B 4
블루밍데일 4J 18

ㅅ

사우스 스트리트 항구 4B 18
서점 18
성 토마스 교회 3I 25
센트럴 파크 3J-3O 6
소호 3C 12, 16
스케이트 대여 48
스파 21
스포츠 32-33
시장 20

ㅇ

아구 32
어퍼 웨스트 사이드 1L 16
엘리스 섬 이민 박물관 1A 13
엠파이어 스테이트 빌딩 3G 6
여행자 패스 45
영화 24
5번 애버뉴 3E-3P 16
오프 브로드웨이 31-32
오프오프 브로드웨이 31-32
우편물 47
웨스트 빌리지 17
유니언 스퀘어 그린마켓 4F 26
유명 레스토랑 39-40
은행 47
응급 상황 47
이스트 빌리지 5E 17
인터넷 카페 47
인트레피드 해양항공우주박물관 2L 8

ㅈ

자동차 대여 46
자유의 여신상 1A 13
자전거 대여 49
자전거 여행 49
장난감 21
장애인 편의시설 47
재즈 공연장 27
전문점 21
전자제품 20
전화 48
제프리 2F 19
지하철 45

ㅊ

차이나타운 4C 5, 17
축구 32
최고의 만찬 40-41

ㅋ

카네기 홀 3I 25
카바레 29
코미디 극장 26
크라이슬러 빌딩 4H 6
클래식 음악 공연장 24-25
클럽 28
클로이스터스 1P 5

ㅌ

타임스 퀘어 2H 4
택시 44-45
테니스 33
팁주는 법 38

ㅍ

팝 공연장 27-28
펠리시모 3J 19
편의점 47
프릭 컬렉션 3K 6
플래네타륨 구역 3G 17

ㅎ

하키 33
헬리곱터 관광 49
호텔 50-53
환전 47
흡연 40

© Compass Maps Ltd.
All rights reserved.
Korean translation copyright
© GoldenCompass.
Korean edition is published
by arrangement with
Compass Maps Ltd. through
Shinwon Agency, Co.
저작권법에 의해 한국 내에서
보호를 받는 저작물이므로 무단
전재와 무단 복제를 금합니다.

옮긴이 | 도희진
편집인 | 방지선
발행인 | 박근ชু
펴낸곳 | 믿음사출판그룹
(주) 황금나침반
출판등록 | 2005. 6. 7
(제16-1336호)
주소 | 서울시 강남구 신사동 506
강남출판문화센터 4층
전화 | 영업부 02) 515-2000
편집부 02) 514-2642
팩스 | 02) 514-2643

한국어판 © (주) 황금나침반
Printed in China.

이 책은 해외 출판 당시의 최신 현지 정보를 기반으로 하고 있으며 계속적으로 업데이트되고 있습니다. 저자, 역자 및 Compass Map Group과 황금나침반에서는 정확한 정보 전달에 최선을 다하고 있으나, 이 책을 사용하는 가운데 발생한 손실이나 상해, 불편에 대해서는 책임을 지지 않습니다.